ODÍN

Título original: *Odin. An illustrated guide to the Allfather*

© 2025 Librero b.v. (edición española)
Hambakenwetering 8B
5231 DC 's-Hertogenbosch
Países Bajos

Idea, edición y diseño a cargo de Quarto Publishing,
un sello editorial de The Quarto Group

Texto © 2025 Lysander Baker
Ilustraciones © 2025 Matt Greenway

Edición de contenido: Charlene Fernandes
Ayudante de edición: Elinor Ward
Edición ejecutiva: Emma Harverson
Corrección de textos: Sarah Hoggett
Dirección artística: Martina Calvio
Layout: Karin Skånberg
Ilustraciones: The Saxon Storyteller
Coordinación editorial: Lily De Gatacre
Edición: Lorraine Dickey

Producción de la edición española:
Traducción: Montserrat Ribas Casellas
para Delivering iBooks & Design
Redacción y maquetación:
Delivering iBooks & Design, Barcelona

Distribución exclusiva de la edición española:
Librero IBP S. L.
C/ Paseo de los Olmos, n.º 20
Planta 1.ª, oficina 7
28005 Madrid, España
www.librero-ibp.es

Impreso en China
ISBN: 978-94-6499-124-6

MIXTO
Papel | Apoyando la
silvicultura responsable
FSC® C016973

ODÍN

UNA GUÍA ILUSTRADA DEL PADRE TODOPODEROSO DE LA MITOLOGÍA NÓRDICA

L. DEAN LEE

Librero

ÍNDICE

CAPÍTULO 4: ODÍN EN EL MUNDO

CAPÍTULO 5: EL CULTO A ODÍN

PREFACIO

En las últimas décadas, los dioses nórdicos han gozado de un auge constante en la cultura popular de todo el mundo. Han aparecido en diferentes formas en series televisivas, películas, libros y videojuegos, despertando el interés por el «mundo de los vikingos» y la mitología nórdica. Como podemos imaginar, esto también ha generado interés por el movimiento espiritual conocido por diversos nombres: paganismo nórdico, asatru, y *forn siðr/forn sed* (antigua tradición); todos ellos se refieren a la misma idea de «venerar a los diosos nórdicos».

A la cabeza de los dioses nórdicos está la enigmática figura conocida como Odín, *Óðinn* en nórdico antiguo. Se le describe como el jefe de la familia de divinidades conocidas como los Aesir, pero a pesar de ser el gran jefe del panteón, los mitos nórdicos le representan como un ser imperfecto, lo que le hace especialmente humano.

Impelido por su afán de conocimiento, Odín persigue una profecía de una antigua vidente que le da visiones del futuro. La pitonisa ve la lucha y el conflicto que desgarra y separa a los dioses de la familia de Odín, y este, por miedo a este resultado y para evitar que se haga realidad, hace lo que cree que hace falta, como mentir, engañar, estafar, subyugar, robar y timar. Pero es precisamente este comportamiento el que provoca el ocaso de los dioses (durante el Ragnarök). Al olvidarse de mantener unas buenas relaciones, Odín contribuye a crear el entorno de lucha y conflicto que estaba intentando evitar.

Seré sincero con usted: conocí a Odín por primera vez, de forma oficial, mientras escribía este libro. Digo «conocí», pero en realidad sería más bien «lo reconocí por primera vez». Hacía tiempo que su energía acechaba en la periferia de mi vida, y cuando por fin llegó el momento de las presentaciones, fue como si mi abuelo, que hubiera estado ausente largo tiempo, me llevara en su motocicleta por los caminos del conocimiento que él mismo recorre tan a menudo, revelando vistas (o mejor dicho, visiones) que yo desconocía.

En los mitos, la figura de Odín se emplea como moraleja; sin embargo, como deidad, encarna el confuso, complicado y, al mismo tiempo, emocionante proceso del aprendizaje. Aprender, saber, comprender mediante la experiencia... esto es lo que en esencia representa Odín.

La «experiencia» es también la forma en que llegamos a comprender a los dioses nórdicos y a Odín. Ahora tengo el gran placer de presentarle a usted esa experiencia.

Pero antes de empezar, unos necesarios descargos de responsabilidad:

En primer lugar, aunque esta obra se basa en cosmovisiones culturales escandinavas, no habla de las culturas escandinavas propiamente dichas.

En segundo lugar, el libro está concebido para indicarle los diferentes caminos a explorar. Es una introducción a la comprensión de un dios, no algo donde encontrar todo lo que hay que saber del mismo.

Por último, no puedo prometer milagros ni garantizar resultados del trabajo con deidades, simplemente comparto el conocimiento que he adquirido y que me ha sido de utilidad.

Y ahora, sin más preámbulos, ¡a disfrutar!

L. DEAN LEE

CAPÍTULO 1:

SALVAR LA BRECHA CULTURAL

En este capítulo exploraremos la relevancia de los dioses nórdicos, el propósito de la mitología y el folclore, y aprenderemos sobre el cosmos nórdico y las entidades que lo habitan.

INTRODUCCIÓN

Trotamundos, tallador de runas y jefe de los Aesir, Odín es tal vez la figura principal más venerada de toda la mitología nórdica. Los pueblos nórdicos lo han mantenido «vivo» hasta nuestros días gracias a la pervivencia de su cultura y folclore.

Los pueblos nórdicos tienen su origen en la Edad del Hierro germánica, pero cobraron protagonismo durante el periodo medieval, hacia el siglo VIII, y vivían en lo que ahora denominamos los países nórdicos: Noruega, Suecia, Dinamarca, Finlandia, Groenlandia, las islas Åland y las islas Feroe, situadas en la región septentrional europea históricamente llamada Escandinavia.

Aunque son famosos por su afán de aventura por el mundo durante la época vikinga (793-1066 e. c.), sus invasiones eran muy especializadas. La mayoría de los pueblos nórdicos llevaban una vida normal como agricultores, artesanos, pescadores, padres de familia, salteadores de caminos, etc.

La cultura de Escandinavia cambió de forma drástica con la llegada del cristianismo a principios de la época vikinga. Mediante el proceso de ir convirtiendo a los reyes escandinavos, las «antiguas formas» perdieron popularidad a favor de las «nuevas formas» cristianas, y sobre la década del año 900, la región era totalmente cristiana. Pero gran parte de su cultura y folclore pervivió y los encontramos hoy día entre los actuales escandinavos y pueblos nórdicos. Es por ello que los mitos y los dioses nórdicos siguen siendo elementos básicos de la cultura de los países nórdicos.

¿QUIÉN ES ODÍN?

La figura principal entre los dioses nórdicos se conoce por diversos nombres: Grimnir, Bolverk, Svidur, Kialar, Oski... pero el más popular es Odín, el Padre Todopoderoso, jefe de la familia de dioses conocidos como los Aesir.

Las personas que estén un tanto familiarizadas con la mitología nórdica, aunque solo sea un poco, se habrán encontrado con Odín. Se le representa como guerrero, trotamundos, líder, poeta y mago... y como anciano, otro rasgo muy característico. Se le representa incluso como un loco. Pero todo esto palidece en comparación al famoso papel de Odín como guardián del Valhalla, el lugar donde los guerreros elegidos que mueren valientemente en combate pasan una esplendorosa vida después de la muerte.

De modo superficial, parece como si la función de Odín como dios fuera encarnar aquello que los pueblos nórdicos consideraban sagrado: la guerra, el liderazgo, la sabiduría y el honor. Pero esto se desmorona cuando llegamos al punto de «locura». Es más, los actos de Odín raramente son honorables. Engaña, miente, finge, rompe juramentos y no siempre emite juicios justos.

Esto cobra sentido cuando nos damos cuenta de que Odín probablemente nunca representó al jefe ideal, sino que más bien encarnaba la realidad en la que vivían los pueblos nórdicos. Eran tiempos crueles, donde la paz no siempre estaba garantizada, y Odín actuaba tanto como una figura de abuelo, como una alegoría del entorno en el que vivían.

EL PROPÓSITO DEL FOLCLORE Y LA MITOLOGÍA

Para entender a Odín, tenemos que comprender el propósito de la mitología nórdica y del folclore escandinavo. Conocer la función que cumplen las historias llevará a una mejor comprensión del papel que en ellas desempeña Odín.

El escritor noruego Jan Sigurd Horn describe la mitología como «la forma (de la humanidad) de expresar el conocimiento que poseemos sobre la realidad metafísica en la que creemos». Solemos pensar en la mitología como una recopilación de relatos espirituales, estáticos e invariables, o como una historia de los dioses. Pero esta impresión puede proceder del hecho de que aprendemos sobre mitología mediante registros escritos, que de por sí son estáticos e invariables. Una mitología viva es mucho más dinámica. En pocas palabras, la mitología de una sociedad son los relatos que cuentan quiénes son y cómo viven sus miembros.

¿ES LA MITOLOGÍA UNA HISTORIA DIVINA?

Podríamos sentirnos tentados a considerar la mitología nórdica como una historia completa de las hazañas de los dioses. Pero los mitos nórdicos no son una historia, ni pueden serlo, ya que no poseen un orden cronológico; solo adquieren un cierto orden cuando se recopilan en una antología escrita. Además, algunos relatos varían según la región, y otros solo pertenecen a una comunidad en concreto.

LA FUNCIÓN DE LA MITOLOGÍA

La mitología hace que una cultura conforme una identidad, una comprensión de sí misma y un paradigma de cómo encaja en el tejido de todas las cosas. Asimismo,

proporciona un vehículo para la educación y un modo de describir las fuerzas y los fenómenos del universo. Pero quizás lo más importante es que es un vector a través del cual cobra sentido el mundo en el que vivimos y nuestra relación con él.

La mitología de los pueblos nórdicos se desarrolló de forma orgánica a partir de la propia cultura, no como algo que les enseñó un líder religioso o una escritura sagrada. Los mitos eran alegorías que se utilizaban para explicar sucesos reales, sintetizando por medio de los relatos lo que se siente al vivir en la tierra.

Estas alegorías eran importantes porque, explicando fenómenos abstractos en términos de una experiencia sentida, los pueblos nórdicos conseguían que el mundo pareciera un lugar menos incognoscible donde vivir. Así que cuando veían los límites del mundo en los picos de las montañas y las profundidades de los volcanes, se sentían familiarizados con el carácter de estas cosas gracias a las historias sobre gigantes hostiles que representaban estos parajes inhóspitos. Puede que las historias que hacían del mundo un lugar familiar fueran lo que dio a los vikingos su famosa valentía a la hora de explorarlo.

FUENTES DE LA MITOLOGÍA NÓRDICA

A menudo captamos el sentido de la mitología completa de un pueblo consultando diferentes registros de la misma de épocas

y lugares diferentes, y comprobando cómo ha cambiado. Lamentablemente, la mitología nórdica cuenta con poco material en el que basarse. A pesar de que estos pueblos poseían un sistema de escritura, no escribieron sobre su propia mitología, y los textos medievales que tenemos datan en su mayoría de la época en que ya se habían convertido al cristianismo.

Eso no significa que no podamos confiar en ellos. Por suerte contamos con unas instantáneas muy importantes de la mitología nórdica que podemos dar por auténticas de forma razonable.

La *Edda poética* o mayor

La *Edda poética* es una recopilación de poemas anónimos en nórdico antiguo, muchos de ellos referentes a los dioses. Existen diversas versiones de la *Edda poética*, muchas de las cuales se pueden encontrar en el *Codex Regius*, un manuscrito en islandés antiguo que se cree fue escrito sobre el 1270 e. c. Aunque el *Codex Regius* se escribió unos 200 años después de la cristianización de Escandinavia, los relatos que contiene son muchísimo más antiguos y representan la mitología precristiana de los pueblos nórdicos.

La *Edda prosaica* o menor

La *Edda prosaica* es una mitografía escrita por el legislador y político islandés Snorri Sturluson sobre el año 1220 e. c. Consta de tres partes: *Gylfaginning* («La visión o alucinación de Gylfi»), *Skáldskaparmál* («El lenguaje de la poesía») y *Háttatal* («Compendio de métricas»). Los dos primeros libros recuerdan una serie de mitos y leyendas sobre los dioses nórdicos.

A pesar de que Snorri era un político cristiano escribiendo para un público cristiano en una época en que el paganismo se veía con muy malos ojos, en realidad hizo lo posible para preservar los mitos nórdicos en su forma original, envolviéndolos en un fino desmentido de «estos no son dioses reales, sino nobles troyanos» antes de pasar a contar los relatos nórdicos tal como probablemente se recordaban.

El libro tenía una intención política. Snorri quería que Islandia se uniera bajo el mandato del rey Haakon IV de Noruega, y escribió la *Edda prosaica* para demostrar el patrimonio cultural común de Islandia y Noruega. Su obra sigue siendo un punto de referencia para la mitología nórdica, en especial por su extensión.

Otras sagas

Existen muchas más sagas, predominantemente islandesas, que apuntan a diferentes aspectos de la mitología, el folclore y la cosmovisión nórdica, como la *Völsunga*, o saga de los volsungos, y la *Gesta Danorum*. Aunque algunos de estos textos mencionan la mitología nórdica y el paganismo, no siempre lo hacen en un tono halagador, ya que fueron escritos después de la cristianización.

Tradiciones orales

Incluso hoy día, restos de los mitos y del folclore nórdicos impregnan las tradiciones orales de Escandinavia e Islandia. Circulan entre la sociedad y entre las personas que siguen practicando el paganismo nórdico.

¿CÓMO DEFINIMOS A UN «DIOS» EN LA COSMOLOGÍA NÓRDICA?

Diferentes culturas tienen formas diferentes de ver el mundo, y eso incluye sus deidades y las características de las mismas. Para saber quién es Odín, debemos entender cuál es el papel de los dioses en la cosmología nórdica.

Como sistema de creencias politeísta, la cosmología nórdica se caracteriza por la presencia de múltiples deidades. Las deidades de todas las religiones suelen tener su origen en las historias de personajes del pasado y en sus hazañas, o bien proceden de la personificación de fenómenos mundanos como la muerte, el movimiento del Sol y de la Luna, o la actividad de los volcanes. Pero el modo en que una cultura ve a sus deidades, y el tipo de relaciones que mantiene con ellas, varía de una cultura a otra.

Es difícil definir con exactitud cómo veían los pueblos nórdicos a sus propias deidades. Pero lo que sí podemos decir es que no caracterizaban a los dioses como todopoderosos, ni como poseedores de un control total sobre los cielos, la tierra y el destino. Los dioses nórdicos eran sabios y capaces, pero también de carácter extremadamente humano; cometían errores y podían ser dominados o burlados. Es interesante destacar que también podían morir, aunque la «muerte» se caracterizaba por «ir a un lugar diferente» en lugar de trascender el mundo o dejar de existir por completo.

Una impresión común que hoy día tenemos de las deidades es que eran gobernantes o «señores» de ciertos dominios. Aunque este es el caso en algunos panteones, no es del todo cierto en el nórdico.

En lugar de ello, los dioses nórdicos tienden a encarnar las dimensiones de la vida en las que habitan, habiendo sido moldeados por esas cosas de la misma manera en que las personas son moldeadas por los paisajes en los que han vivido y en sus experiencias.

DEFINICIONES IMPRECISAS

Las líneas divisorias entre deidad, espíritu y ancestro se solapan, puesto que la sociedad nórdica los veneraba a los tres. En el paganismo nórdico contemporáneo sucede más o menos lo mismo, y un «dios»

es más bien una función que un «tipo» de ser, sobre todo porque los dioses pueden provenir de muchos lugares distintos y las deidades nórdicas pueden denominarse de muchas maneras diferentes.

LAS DOS FAMILIAS DIVINAS

Los Aesir

Los Aesir (pronunciado ah-zir) son la familia principal de las deidades del panteón nórdico. Viven en el enclave llamado Asgard, cuyo nombre proviene del antiguo nórdico *áss*, que significa «(un) dios», y *garðr*, que significa «granja» o «recinto». Podemos considerar a los Aesir como una unidad familiar que vive en su propio enclave. La mayor parte de los relatos sobre dioses se centran concretamente en las hazañas y actividades de los Aesir. En los mitos nórdicos, los Aesir y Asgard son una alegoría de la idea de pueblo y civilización. Odín es el jefe de los Aesir, así que la mayoría de ellos son descendientes suyos o bien han sido adoptados por la comunidad.

A pesar de que se representa a Odín como «jefe de los Aesir», el título de «jefe» habría tenido una connotación más cercana a patriarca principal, cuidador y protector de una comunidad, en lugar del concepto feudal de gobernante y terrateniente. Aunque no es un arquetipo *per se*, Odín encarna algunos de los rasgos arquetípicos de un jefe o rey nórdico: el abuelo que es viejo, sabio, poderoso, que ha viajado y que sabe cómo proteger a su comunidad.

Los Vanir

Los Vanir son otra familia de deidades del panteón nórdico, que habían combatido en una guerra lejana contra los Aesir. Los Vanir son del reino de Vanaheim, representado como un lugar exuberante, verde y de clima templado. Los dioses de Vanaheim —Njord y sus hijos, Frey y Freya— se caracterizan también por poseer estas cualidades, asociadas con un clima templado y con la fertilidad.

EL COSMOS NÓRDICO

En la cosmología nórdica no existe simplemente un cielo y una tierra,
sino nueve reinos, es decir, múltiples mundos cosmológicos conectados entre sí
por las ramas y las raíces del árbol cósmico Yggdrasil (*véase* pág. 54).

1 Asgard   **2** Vanaheim   **3** Alfheim   **4** Midgard   **5** Muspelheim   **6** Niflheim
7 Jötunheim   **8** Nidavellir   **9** Svartalfheim

Los nombres de los nueve reinos nunca se enumeran específicamente, y los que aparecen en la *Edda poética* y la *Edda prosaica*, sumados, son muchos más que nueve. No obstante, algunos pensadores han intentado deducir cuáles podrían ser los nueve reinos si de hecho se trataba de nueve canónicos. Henry Adams Bellows, que en 1923 tradujo una versión de la *Edda poética*, sugirió esta lista:

Asgard («la granja de los dioses») es el hogar de los Aesir. Es donde numerosos dioses tenían sus palacios, entre ellos el Valhalla de Odín. El puente Bifrost conecta Asgard con Midgard, y se representa con el arcoíris.

Vanaheim («hogar de los Vanir») es donde viven los dioses Vanir, como Frey, Freya y Njord. Vanaheim se representa como unas tierras exuberantes de clima templado.

Alfheim («hogar de los elfos»). El término «elfo» es similar a «hada», en el sentido de que cubre una variedad de seres feéricos. Se dice que los elfos de Alfheim eran los *ljósálfar* o elfos de luz. Alfheim fue un regalo que los dioses le hicieron a Frey.

Midgard («tierra media») es el mundo tangible que nos rodea, el hogar de los seres humanos, las plantas y los animales que allí viven. Midgard se representa como «un recinto», un entorno autocontenido que es a la vez la morada y la barrera que la contiene y que mantiene alejadas a las fuerzas salvajes, como los gigantes. En este sentido, Midgard puede considerarse algo así como un terrario.

Muspelheim (que significa «incierto») es otro mundo primordial como Niflheim, solo que hecho de calor y llamas. Allí habitan los gigantes de fuego, como Surt. Durante la creación del mundo, Muspelheim fue empujado a lo más alto, por encima de Midgard, y se mantiene separado del mismo por la barrera del cielo. Mientras apuntalaban el cielo se escaparon algunas chispas, que se convirtieron en las estrellas.

Niflheim («mundo de niebla») es un reino primordial de escarcha y hielo, rodeado de niebla. Es donde discurren los ríos Elivagar desde el manantial burbujeante de Hvergelmir. Niflheim se superpone con Helheim y Niflhel, moradas de los difuntos. Durante la creación de Midgard, Niflheim fue empujado bajo tierra para que no congelara el mundo.

Jötunheim («país de los gigantes») es el hogar de los gigantes. Es montañoso, salvaje e inaccesible por los medios habituales; para alcanzarlo, los dioses a menudo tienen que atravesar cuerpos de agua o emplear la magia para poder volar.

Nidavellir («país oscuro bajo tierra») es el hogar de los enanos, maestros artesanos y herreros. Nidavellir podría ser una morada en el interior de Svartalfheim, o tal vez sean la misma cosa. También se denomina Myrkheim, o «morada oscura».

Svartalfheim («mundo de los elfos oscuros») es el hogar de los *dökkálfar*, los elfos de la oscuridad, que viven bajo tierra y poseen una naturaleza distinta a los elfos de la luz. Los dioses van a Svartalfheim para hacerse con Gleipnir, la cadena hecha con cosas imposibles que utilizan para sujetar a Fenrir, el lobo gigante.

EL VALHALLA DE ASGARD

El palacio de Odín está situado en Asgard, la morada de los dioses. Es donde van a parar los guerreros caídos en combate, arrebatados del campo de batalla por las valquirias.

Al otro lado del puente arcoíris de Midgard se encuentra Asgard, el hogar de los dioses. Está rodeado por un recio muro que protege a los Aesir de los gigantes. El muro fue construido por un maestro albañil de Jötunheim, que apostó que podía construirlo en un solo invierno si le daban el Sol, la Luna y a Freya. Perdió porque Loki saboteó sus planes.

En el interior de las murallas de Asgard se halla un resplandeciente reino con edificios de oro y plata —los palacios de los dioses— construidos en el verde campo de Idavoll, donde los dioses se reúnen y juegan. En el centro del campo hay un lugar llamado Gladsheim, con muros dorados. Asgard alberga numerosos palacios y lugares. Uno de ellos es Valaskialf, un antiguo lugar hecho de plata. En su cima hay el Hlidskialf, el Alto Trono de Odín, desde donde puede contemplar lo que hacen los humanos en Midgard.

Otro de los lugares es Vingold, donde residen las diosas. Allí tienen un palacio, una fragua donde fabricar finas joyas de oro y un espacio ritual conocido como *horg*.

También allí se encuentra el Valhalla, rodeado por su antiguo portal denominado Valgrind. El Valhalla se eleva de forma serena y magnífica en el paisaje, con escudos dorados que cubren su techo y fuertes lanzas que sirven de vigas. Tiene quinientas cuarenta puertas que ochocientos hombres pueden atravesar en una sola hilera, y su interior contiene quinientos cuarenta salones, siendo el mayor de ellos la residencia de Thor. Un lobo cuelga frente a la puerta oeste del Valhalla y un águila la sobrevuela.

Al lado del palacio hay un árbol llamado Laerad, que podría ser otro nombre para Yggdrasil, el Árbol del Mundo. En los tejados del Valhalla viven el ciervo Eikthyrnir y la cabra Heidrun, que se alimentan de las hojas del árbol. De la cornamenta del ciervo mana el líquido que cae en el manantial de Hvergelmir, del cual se dice que da origen a todos los ríos, y de las ubres de Heidrun mana el más delicado hidromiel, el que sirven las valquirias a los *einheriar*, los guerreros caídos que residen en el Valhalla.

Atravesando los portales del Valhalla se llega al fulgurante salón del hidromiel, con sus largas mesas que se extienden sin fin y armaduras y cotas de malla diseminadas por todo el espacio. Allí, todas las noches, los guerreros se sacian con el Saehrimnir, el jabalí que renace cada día. En el Valhalla celebran festines por la noche y durante el día se divierten batiéndose en combate, hasta la batalla final del Ragnarök.

LAS ENTIDADES NÓRDICAS

La mitología nórdica y el folclore escandinavo están poblados por toda una serie de criaturas. Muchas de ellas tienden a ser de naturaleza inclasificable, y algunas se confunden con otras. Estas son algunas de las diferentes entidades que suelen aparecer en los relatos.

NORNAS

Las nornas o *nornir* son deidades femeninas que determinan el curso de la suerte y el destino. Sus nombres son Verdandi, Urd y Skuld, que significan «llegar a ser», «llegó a ser», y «será», respectivamente. Extraen agua sagrada de un pozo situado en la base de Yggdrasil y riegan el árbol con ella para que esté lozano. Se cree que existían otras nornas que visitaban a los recién nacidos para determinar su futuro.

VALQUIRIAS

Las valquirias o *valkyrjur* son las mujeres que cabalgan sobre los campos de batalla y se llevan a los guerreros caídos cuando mueren al palacio de Odín en el Valhalla. La palabra valquiria significa «la que escoge a los caídos». Se las representa a veces con alas o cabalgando sobre caballos alados, y cuentan con sus propios relatos en las antiguas sagas nórdicas.

EINHERIAR

Los *einheriar* son los guerreros caídos en batalla que son elegidos para vivir en el Valhalla. Se atracan de comida por la noche y pelean durante el día como entretenimiento, a la espera que Odín les convoque para la lucha final del Ragnarök. La palabra *einheriar* literalmente significa «ejército de uno» o «aquellos que luchan solos».

ALVAR

Alvar es el término con que se designa a los elfos, que se representan de diversas formas. Están los elfos de luz, que habitan en los luminosos planos celestiales, y los elfos oscuros, que viven en las profundidades de la tierra; podrían ser o no lo mismo que los enanos. En ocasiones se les describe como altos y otras veces pequeños.

WIGHTS

Wight es un término genérico para «espíritu» y puede referirse a cualquier tipo de entidad en general. Proviene de la palabra *vættr* del nórdico antiguo.

LANDVÆTTIR

Los *landvættir* son espíritus de la tierra, seres que encarnan o personifican un paisaje o entorno específico. La propia tierra es la forma corpórea del espíritu.

NISSE/TOMTE

Los *nisse* or *tomte* son espíritus domésticos, algo así como los duendes o gnomos; se cree que atraen la suerte y la prosperidad al hogar. No todas las casas poseen un *nisse*, pero cuando alguien se mudaba era importante que tuviera en cuenta que el *nisse* fuera feliz y que formara parte de la actividad del hogar. Parte de ello consistía en mantener la casa limpia y ordenada y dejarle ofrendas de copos de avena (con mantequilla) al lado del fuego.

TROLES

Aunque en los cuentos de hadas aparecen como criaturas con cola de vaca que se convierten en piedra al darles la luz del sol, los troles como espíritus se pueden definir de una forma más amplia. En las lenguas escandinavas, *troll* suele denotar cualquier cosa que sea «otra», y la palabra tiene connotaciones de magia y brujería. Los troles adoptan aspectos muy diferentes: rocas grandes, gatos, personas, seres incorpóreos y otros. Aquello que convierte a algo en un trol tiene que ver con las cualidades que posee, no con su aspecto físico. En muchos sentidos, los troles son similares a los *jötnar*.

VÖLVA

Völva es la palabra del antiguo nórdico para bruja, vidente o mujer sabia, y significa «portadora del báculo». La *völva* practicaba un tipo de magia conocida como *seid*, que usaba para profecías, augurios y andanzas por otros mundos. La palabra *spákona*, literalmente «mujer profecía», era intercambiable con *völva*. Odín consulta a una *völva* para conocer el destino, y ella predice la llegada del Ragnarök.

JÖTNAR

Los *jötnar* (singular: *jötun*) son seres que personifican los paisajes y las fuerzas salvajes e indomables del mundo. Habitan en lugares que el ser humano podría visitar pero no vivir en ellos, por el calor o el frío extremos: los picos helados de las montañas, el corazón de un volcán, las profundidades del mar, etc. Su reino se llama Jötunheim.

A los *jötnar* se les llama «gigantes» en nuestro idioma, aunque no siempre son de gran estatura. Más bien su naturaleza «gigantesca» proviene de la energía de su presencia, que se siente salvaje, sin refinar, imponente.

Muchos de los dioses nórdicos son *jötun* o lo son en parte, como Odín, cuya madre era *jötun*, así como su amante Jord, madre de Thor.

THURS

Los *thurs* son gigantes que representan las fuerzas hostiles para la vida humana: erupciones volcánicas, desprendimientos de rocas, avalanchas, etcétera. La hostilidad de estas fuerzas se representa alegóricamente como «odio hacia los humanos» en los mitos nórdicos. Aunque los típicos gigantes pueden ser sociables, no pasa lo mismo con los *thurs*. La palabra «thurs» proviene del nórdico antiguo *hrímpursar*, que se suele traducir como «gigante de escarcha». Pero del mismo modo que *jötun* no significa en realidad «humanoide de gran tamaño», *hrímpursar* tampoco significa «humanoide de gran tamaño, elemental de la escarcha». Más bien sería algo así como «las fuerzas hostiles que habitan en los confines helados del mundo».

Términos como «gigante de escarcha» o «gigante de fuego» evocan el entorno donde habita el gigante más que su aspecto físico.

DVERGR

Se dice que los *dvergr* o enanos habitan en las profundidades de la tierra. Se los representa como maestros artesanos, sobre todo fabricantes de objetos de metal hechizados o imposibles. En las historias, los dioses van a visitar a los enanos cada vez que necesitan algo de excepcional manufactura.

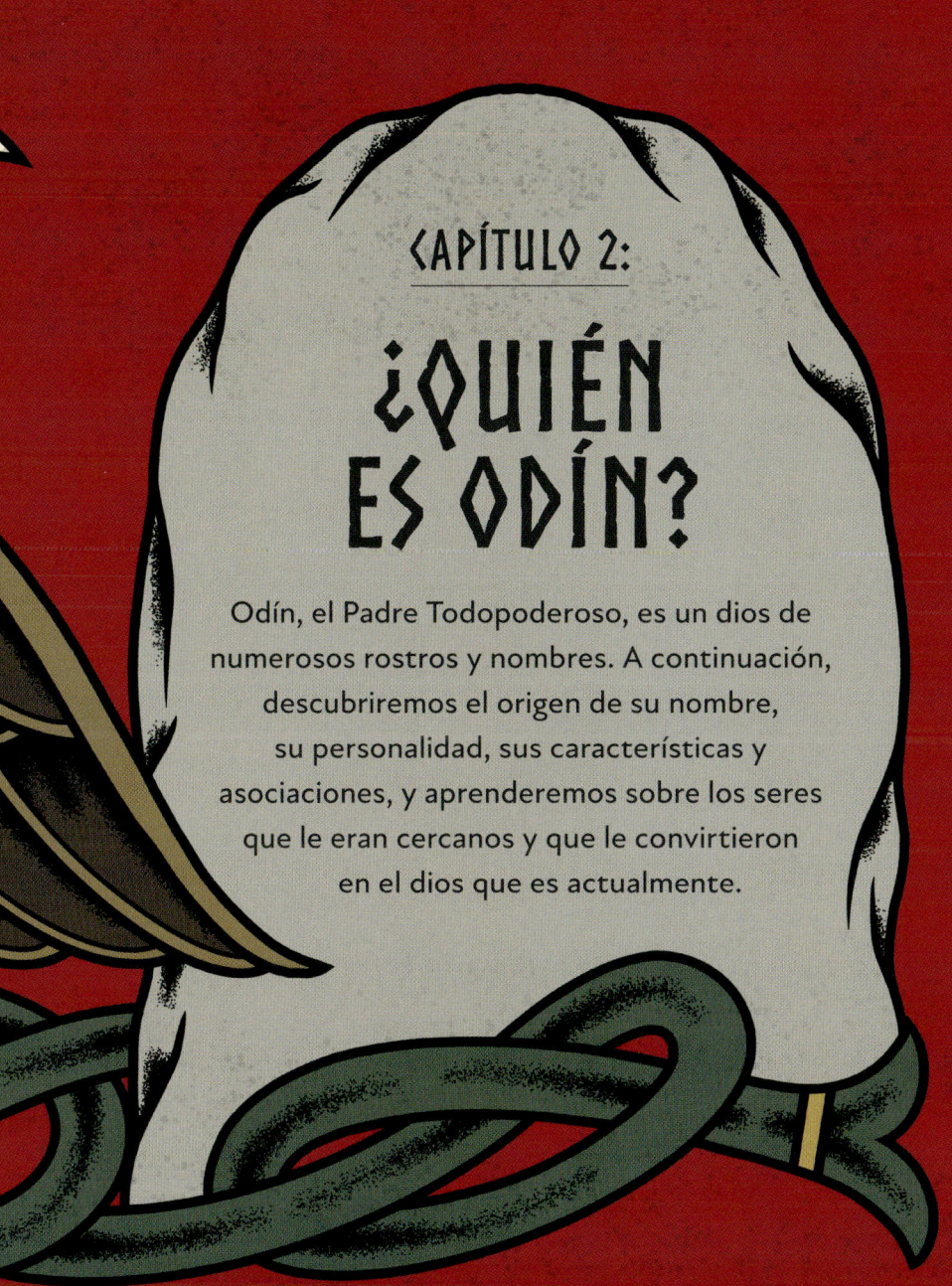

CAPÍTULO 2:

¿QUIÉN ES ODÍN?

Odín, el Padre Todopoderoso, es un dios de numerosos rostros y nombres. A continuación, descubriremos el origen de su nombre, su personalidad, sus características y asociaciones, y aprenderemos sobre los seres que le eran cercanos y que le convirtieron en el dios que es actualmente.

EL NOMBRE DE ODÍN

Odín es un dios de múltiples nombres que a menudo se disfraza en sus andanzas.
Pero ¿cuál es la historia que hay detrás del nombre que todos conocemos?

El nombre del Padre Todopoderoso se vincula a la palabra del nórdico antiguo *óðr* («frenesí») y a la germánica *wut* («rabia»), términos que implican la idea de «furia». Todas las versiones del nombre de Odín tienen sus raíces en la palabra protogermánica *wōðanaz*, que significa «señor del frenesí».

El nombre de Odín tiene otros semejantes en las lenguas germánicas medievales. En nórdico antiguo es Oðinn. En inglés antiguo Wōden. En sajón antiguo Wōdan, y en alemán antiguo Wutan o Wuotan.

Aunque hoy día la palabra «furioso» evoca la idea de rabia, la «furia» del nombre de Odín apunta más a la idea de turbulencia. La palabra del nórdico antiguo *óðr* describe el furor de la batalla (como el del guerrero enajenado), así como el arrebato de la poesía (como la inspiración poética). La «furia» de Odín describe un estado mental provocado por la intensidad de una emoción, más que el nombre de una emoción concreta.

OTROS NOMBRES

En los mitos nórdicos, a Odín se le denomina de muchísimas maneras; a él le gusta cambiar de nombre para pasar desapercibido cuando deambula por el mundo en forma humana. Hay alrededor de 200 nombres atribuidos a Odín. Algunos de los más conocidos son los siguientes:

Grimnir:	el encapuchado/el enmascarado
Gagnrad:	consejero aventajado
Galdraföðr:	padre de canciones mágicas
Fjolnir:	el que es multitud
Aldaföðr:	padre de todos/topoderoso
Jólnir:	padre del Yule
Langbard:	barba larga
Oski:	dios de los deseos
Sidhott:	sombrero ancho
Svafnir:	portador de sueños, el más cercano
Valföðr:	padre de los caídos
Ygg:	el terrible

LA PERSONALIDAD DE ODÍN

Las historias, mitos e ideas culturales acerca de Odín dibujan una imagen clara y consistente de quién es como persona. A continuación, detallamos algunos de los rasgos más prominentes de su personalidad.

Odín es un hombre de múltiples rostros y talantes. Como Padre Todopoderoso posee características de abuelo, pero también es conocido por llevar numerosas máscaras y presentarse bajo diferentes aspectos. Algunas personas sienten a Odín como un mentor paciente o una figura paterna, o como una figura con la que se cruzan en una encrucijada y les da consejos sobre adónde ir antes de desvanecerse en la noche. Para otros, es alguien que les desafía.

A pesar de todos estos aspectos diferentes, Odín posee algunos rasgos de personalidad muy concretos que son una constante en su mitología y folclore.

CURIOSO

Como dios implicado en los procesos mentales, Odín es un hombre de voraz y desenfrenada curiosidad. Esto es distinto a ser «entrometido», porque la curiosidad es más una fuerza impulsora, similar al hambre. En este sentido, es lo que le motiva a vagar por el mundo en busca de conocimiento y le impele a seguir con su interminable afán de descubrir los misterios del universo.

El sentido humano de la curiosidad es uno de los pocos incentivos con fuerza suficiente para impulsarnos a través del peor de los miedos humanos: el miedo a lo desconocido. Esto se describe en el relato de Odín agonizando en Yggdrasil, el Árbol del Mundo (*véase* pág. 56). Odín siente la curiosidad suficiente por los misterios para ser capaz de atravesar el velo de la muerte y entender todas las cosas. Colgado de Yggdrasil, se sacrifica «a sí mismo» como ofrenda «a sí mismo», lo que significa que sacrifica la *idea* de quién es a favor de quién es *realmente*. Liberado de este concepto teórico, tras nueve noches de sacrificio Odín es capaz de recibir los secretos de las runas, la escritura, la narración y los misterios esotéricos.

Como alguien incentivado por la curiosidad, Odín apoya de forma natural cualquier empresa que implique la búsqueda de conocimiento por el placer de obtenerlo.

SABIO

El arquetipo del «anciano sabio» está muy vinculado a Odín, y su vasta comprensión de todas las cosas no es algo que él esconda.

Ser sabio es diferente a ser inteligente o a saber muchas cosas sobre el mundo. Se trata de estar familiarizado con el mundo y de experimentar con la aplicación del conocimiento de forma práctica y aprender de los resultados.

Odín es sabio porque es terrenal, viaja por todas partes y busca experimentar y entender la naturaleza de las cosas.

A menudo consulta a mujeres sabias capaces de ver las tendencias en la red del *wyrd* —la relación de causa y efecto— y predecir resultados futuros basados en las circunstancias. Pero, en cierto modo, la búsqueda del conocimiento por parte de Odín es también una advertencia contra el hecho de depender en exceso de las predicciones de otros: después de que una vidente predice la caída de Odín en la funesta batalla del Ragnarök, este hace todo lo posible para evitarlo... solo para conseguir que sean precisamente sus actos los que desencadenen el Ragnarök.

En última instancia, es este tipo de experiencias de aprendizaje lo que hacen sabio a Odín. Gran parte de la sabiduría que imparte en el poema *Havamal*, de la *Edda poética*, tiene su origen en errores que cometió, supuestamente cuando era más joven. Como dios que valora aprender mediante las vivencias, Odín es el tipo de deidad que enseña mediante la experiencia.

PATERNAL

Odín cuida de los suyos, y como Padre Todopoderoso asume el papel de figura paterna o mentor para muchas personas. Aunque esta relación no es estrictamente universal, tiende a ser la posición desde la que actúa.

TRAMPOSO

Odín es conocido por ser tramposo jugando al ajedrez cuatridimensional con aquellos que se creen irreprochables. Su afición por el doble juego y la intriga es quizás la razón por la que él y Loki se entienden, como la gasolina y las cerillas.

EL ASPECTO DE ODÍN

Odín suele asumir el aspecto característico de un anciano enjuto, de larga barba gris, con una capa azul y un sombrero que le cubre el ojo que le falta. También se le representa portando una lanza (Gungnir), y acompañado de sus dos cuervos, sus animales familiares.

UN SOLO OJO

El relato cuenta que Odín renunció a uno de sus ojos para beber del «pozo de la sabiduría», que pertenece al gigante Mimir y que contiene numerosos secretos. El ojo sacrificado de Odín se encuentra en ese mismo pozo.

Este aspecto se puede interpretar como una ingeniosa alegoría de una catarata en uno de los ojos, algo que suele suceder con la edad y por tanto con la sabiduría. La cualidad lechosa del ojo le da un aspecto singular, como si estuviera enfocado hacia otros mundos.

Esta idea de tener «un ojo en este mundo» y «un ojo en el otro mundo» es un motivo que se encuentra en el folclore escandinavo. En algunos relatos, el héroe adquiere videncia (*synsk*) cuando le untan un ungüento en uno de sus ojos que le permite ver a través de la niebla que oculta la presencia del otro mundo a los ojos humanos. Pero por una circunstancia u otra, solo le aplican el ungüento en un ojo, para que sea capaz de ver todavía el mundo como cualquier otra persona. Tal vez sea tener un ojo mirando hacia fuera y el otro hacia dentro lo que otorga gran sabiduría a las personas, como en el caso de Odín.

ODÍN, EL HOMBRE DEL SOMBRERO

Se dice que Odín lleva un sombrero cuando deambula por la tierra, a menudo con el ala tapándole un ojo. Nunca se habla del tipo concreto de sombrero, pero entre este, la capa, la lanza y su aspecto barbudo, vemos surgir una temprana representación del mago arquetípico.

No está de más hablar un poco sobre la psicología de los sombreros. En el pasado, el tipo de sombrero que se llevaba indicaba tanto la clase como la ocupación de la persona. Simplemente cambiando de sombrero, uno podía cambiar la condición social o la ocupación que se le atribuía. Esto se refleja en la expresión inglesa «llevar muchos sombreros», que significa desempeñar múltiples funciones en un mismo proyecto. Tal vez el hecho de que Odín llevara sombrero era una elgoría de su participación en los roles arbitrarios que la humanidad establece sobre clase y ocupación, completando de este modo su disfraz en el mundo de los humanos.

LAS CARACTERÍSTICAS DE ODÍN

Ahora que entendemos la personalidad y el aspecto de Odín, podemos pasar a sus características. Odín posee ciertas cualidades que definen quién es y cuál es su naturaleza; todo ello es importante para comprenderle.

TROTAMUNDOS

Odín se representa como un trotamundos que deambula por todo el mundo. En este sentido es una figura muy transitoria, que aparece un momento en la vida de alguien antes de desaparecer en el horizonte. En la mitología nórdica suele desplazarse a lugares como Midgard y Jötunheim en busca de conocimiento, o para poner a prueba las mentes de aquellos que supuestamente lo poseen.

MAESTRO DEL DISFRAZ

El aspecto de Odín como un anciano de un solo ojo se dice que es para ocultar su naturaleza como deidad inmortal. Es una apariencia que asume para interactuar en nuestro mundo material de Midgard. Debido a que la naturaleza divina de Odín no se percibe fácilmente, aquellos que se topan con él no siempre le tratan con el respeto que de otro modo afirmarían tenerle. Los disfraces de Odín son el modo en el que él pone a prueba si su abstracta comprensión de su naturaleza se corresponde con la experiencia real.

Odín también demuestra su gran habilidad de cambiar de forma; se convierte en serpiente y en águila durante su aventura en busca del Hidromiel de la Poesía (*véanse* págs. 50-53). También se disfrazó de mujer para acercarse y seducir a Rind.

LAS ASOCIACIONES DE ODÍN

Las asociaciones de Odín tienden a girar en torno a dos conceptos: el conocimiento y la transmisión de información. El funcionamiento interno de la mente no es algo que siempre nos apetece explorar, pero para Odín este es otro territorio por el que deambular en su incesante búsqueda de conocimiento.

SABIDURÍA

Por su deseo de ser sabio, Odín se asocia con la sabiduría y la búsqueda de la misma. En especial se le asocia con el acto de dar y recibir buenos consejos. Como figura de abuelo y hombre mayor, suele representar la sabiduría de los ancianos y su experiencia colectiva del mundo. Antes de las bibliotecas y de Internet, los ancianos habrían sido el repositorio de conocimiento, pero, al igual que Odín, los ancianos pueden ser narradores poco fiables y es mejor tomarse lo que dicen con cierto escepticismo.

MAGIA

Odín se asocia con la magia, los misterios y el ámbito esotérico, es decir, con la exploración de los procesos del universo y el descubrimiento de sus secretos.

La especialidad de la magia de Odín parece remontarse a la transmisión de información en todas sus formas, desde el uso del lenguaje hasta las redes de comunicación. También el hecho de desarrollar diferentes modalidades de pensamiento y comprensión del mundo forma parte de la magia de Odín. Por ejemplo, la alegoría de Odín sentado en el alto trono Hlidskialf para ver el mundo representa su capacidad de reflexionar sobre este y las circunstancias de una forma espacial, en lugar de hacerlo formando frases en el interior de su mente. Odín también sabe utilizar palabras y letras para transmitir información, ya que la palabra escrita ofrece un modo de pasar información a las personas a través del tiempo y del espacio.

POESÍA

La asociación de Odín con la poesía se debe tanto a su ingenio y sabiduría como a su amor por el lenguaje codificado.

Se le vincula con la poesía por el robo del Hidromiel de la Poesía (véanse págs. 50-53), una poción mágica preparada con la sangre de Kvasir, un ser hecho con la saliva de los miembros de las tribus de los Aesir y Vanir, y que representa su conocimiento colectivo (la saliva puede ser una representación alegórica de cómo las abejas fabrican la miel). Tras robarle el hidromiel a un gigante, Odín se lo lleva a Asgard, donde lo comparte con dioses y mortales. Se dice que el Hidromiel de la Poesía es lo que confiere la inspiración poética a las gentes del mundo.

LOCURA (ÓÐR)

Se asocia a Odín con la sabiduría, pero también con la otra cara de la moneda: la locura. Aunque esta es una definición muy concreta de la locura. Está relacionada con la palabra del nórdico antiguo óðr, que se podría traducir como «frenesí», y es de donde procede el epíteto de Odín «señor del frenesí». El óðr se caracteriza

por una pérdida de las facultades cognitivas típicas a favor de algo de naturaleza más vil. Por este motivo, Odín se asocia tanto con el arrebato del poeta como con la locura del guerrero enajenado.

GUERRA

La época vikinga fue un tiempo cargado de conflictos y los jefes de la Edad de Hierro tenían que saber cómo proteger a sus comunidades de potenciales invasores. Como dios que simboliza el patriarca principal de la comunidad, a Odín se lo representa como un dios guerrero que decide el resultado de las batallas.

Odín ha participado también en la guerra, lo que lo convierte en un dios que comprende la naturaleza de la batalla, tanto la visible como la invisible, y la lucha por la supervivencia.

MUERTE

Entre los temas con los que se asocia a Odín, el de la muerte es probablemente el más llamativo. Se le representa como una fuerza capaz de causar la muerte al avivar luchas y conflictos, pero también como una deidad que resucitará a los muertos para consultarles y obtener sabiduría. Destacan las imágenes que asocian a Odín con el campo de batalla, donde tanto cuervos como lobos se alimentan de los cadáveres de los caídos.

CUERVOS

El hecho de ver a dos cuervos se suele interpretar como una señal de Odín. Estos representan a sus animales familiares, Huginn («Pensamiento») y Muninn («Memoria»), que vuelan por el mundo en busca de conocimiento e información para transmitirla al Padre de Todos, al Padre Todopoderoso.

LA FAMILIA DE ODÍN Y RELACIONES IMPORTANTES

Odín no es una figura solitaria, sino alguien que posee una extensa familia y relaciones importantes. A continuación, mencionamos algunos de sus miembros más significativos.

Desde la izquierda: Geri (detrás), Ymir, Hoenir, Lodurr, Vidarr, Thor, Jord, Frigg, Odin y Huginn (detrás)

Desde la izquierda: Muninn (detrás), Rind, Bestla, Sleipnir (detrás), Loki, Bor, Buri, Balder, Freiki (detrás), Hod, Vali y Hermod

ÁRBOL GENEALÓGICO
DE LA FAMILIA DE ODÍN

YMIR

BURI

BESTLA

BOR

LODURR

ODÍN ······· LOKI

HOENIR

JORD

RIND

FRIGG

THOR

VALI

BALDER

HOD

GRID

HERMOD

VIDARR

FRIGG

Frigg es la esposa de Odín y la Madre de Todos los Aesir. Asociada con la tejeduría y los misterios de la mujer, es sabia como Odín y tal vez, en cierto sentido, más que él. El dicho «detrás de cada gran hombre hay una gran mujer» es cierto en el caso de Frigg y Odín. Le mantiene alejado de múltiples dificultades.

THOR

Thor, protector de Midgard, es hijo de Odín y Jord. La manifestación de Thor en la tierra consiste en una nube de tormenta que descarga rayos sobre las montañas (morada de los gigantes) por medio de Mjölnir, su devastador martillo de mango corto.

LOKI

Loki es el hermano de sangre de Odín. Aunque el mito original de cómo se convirtieron en hermanos de sangre se ha perdido, podemos deducir que Odín y Loki fueron buenos compañeros, y que tras un tiempo decidieron convertirse en familia mezclando su sangre. Contrariamente a sus disensiones durante el Ragnarök, Odín y Loki son un tipo de «duo dinámico», dos embaucadores enredando por el mundo. Se complementan y sacan a relucir lo mejor (y lo peor) del otro.

YMIR

Abuelo materno de Odín cuyo cuerpo se utiliza para crear el mundo.

BALDER

Balder es hijo de Odín y de su esposa Frigg. Es apodado el dios resplandeciente, y se dice que era el Aesir de más recto juicio. Tras unos sueños que presagian su muerte, Odín y Frigg hacen todo lo que está en sus manos para evitar que eso ocurra.

JORD

Jord, una giganta que personifica la tierra, es la madre de Thor. Poco se sabe de cómo ella y Odín se conocieron, pero si los dioses no son materiales y la tierra sí, entonces tiene sentido que Thor, la tormenta que es tanto poderosa como transitoria, se represente como producto de ambos.

RIND

Rind es una mujer con la que Odín tuvo un hijo. Tras la muerte de Balder, Odín recibe la profecía de que un hijo engendrado con esta mujer vengará la muerte de Balder matando a Hod. Este hijo se llama Vali (no confundir con otro Vali, el hijo de Loki).

VIDARR

Vidarr es el hijo que Odín tuvo con la giganta Grid (sin imagen). A Vidarr le llaman el dios silencioso por el hecho de que no habla. En un momento determinado le ofrecieron a Vidarr restos de cuero para que confeccionara su gran bota de piel, que utiliza en el Ragnarök para matar al lobo Fenrir, pisando su mandíbula inferior y desgarrándolo.

VALI

Vali es hijo de Odín y Rind, vengador de la muerte de Balder. Aparte de esto, se sabe muy poco de él.

HOD

Hod, hijo de Odín y Frigg, es el dios ciego, asociado con la oscuridad. Loki engaña a Hod para que mate a su hermano Balder, que personifica la luz. Es posible que esto sea una alegoría para la desaparición del Sol durante los fríos inviernos de la europa septentrional. «Todas las cosas lloran» por Balder después, lo que podría representar lo frío y húmedo que es el invierno en esta época oscura del año.

HERMOD

Se dice que Hermod es hijo de Odín, de madre desconocida. Tras el asesinato de Balder, cabalga a Helheim para ver cuál ha sido el destino del mismo. Su nombre significa «espíritu de guerra».

HOENIR

Hermano de Odín —a veces llamado Vili—, junto con su hermano Lodurr ayuda a Odín a matar al gigante primordial Ymir y a utilizar su cuerpo para crear Midgard. Se dice que ha dado a los humanos el don de la inteligencia y el sentido.

LODURR

Hermano de Odín, Lodurr (o Ve), junto con Hoenir, ayudó a Odín a matar el gigante Ymir. Su don para la humanidad fue la calidez de la carne.

BURI

El abuelo paterno de Odín. Según el mito de creación nórdico, fue liberado del hielo gracias a los lametazos de la vaca primordial.

SLEIPNIR

El caballo de ocho patas de Odín, engendrado por Loki. Sleipnir es de color gris y se dice que es el más veloz de todos los caballos.

BOR

El padre de Odín, engendrado por Buri por medios no identificados. Tomó a una bella giganta por esposa, de nombre Betla, y tuvieron tres hijos: Odín, Hoenir y Lodurr.

HUGINN Y MUNINN

Los cuervos familiares de Odín, cuyos nombres significan «Pensamiento» y «Memoria». Odín dice que teme la posible pérdida de Huginn, pero teme todavía más la ausencia de Muninn. Los dos cuervos de Odín son *fylgia*, que significa «seguidor». Son representaciones alegóricas de la capacidad de Odín de saber y recordar. Envía estas facultades al mundo para recoger información.

BESTLA

La madre de Odín, una giganta descendiente del gigante primordial Ymir. A diferencia de otros de su especie, a Bestla se la representa bien formada y con un rostro atractivo.

GERI Y FREIKI

Estos son los dos lobos de Odín, quizás también *fylgia*, como los cuervos. Sus nombres significan «el codicioso» y «el voraz». Se pueden interpretar como el deseo más bajo o primitivo de Odín de perseguir y codiciar aquello que está buscando. Se los conoce por la *kenning* (figura retórica) de «los canes de Viðrir (Odín)», y se dice que rondan por los campos de batalla, alimentándose de los cadáveres de los caídos.

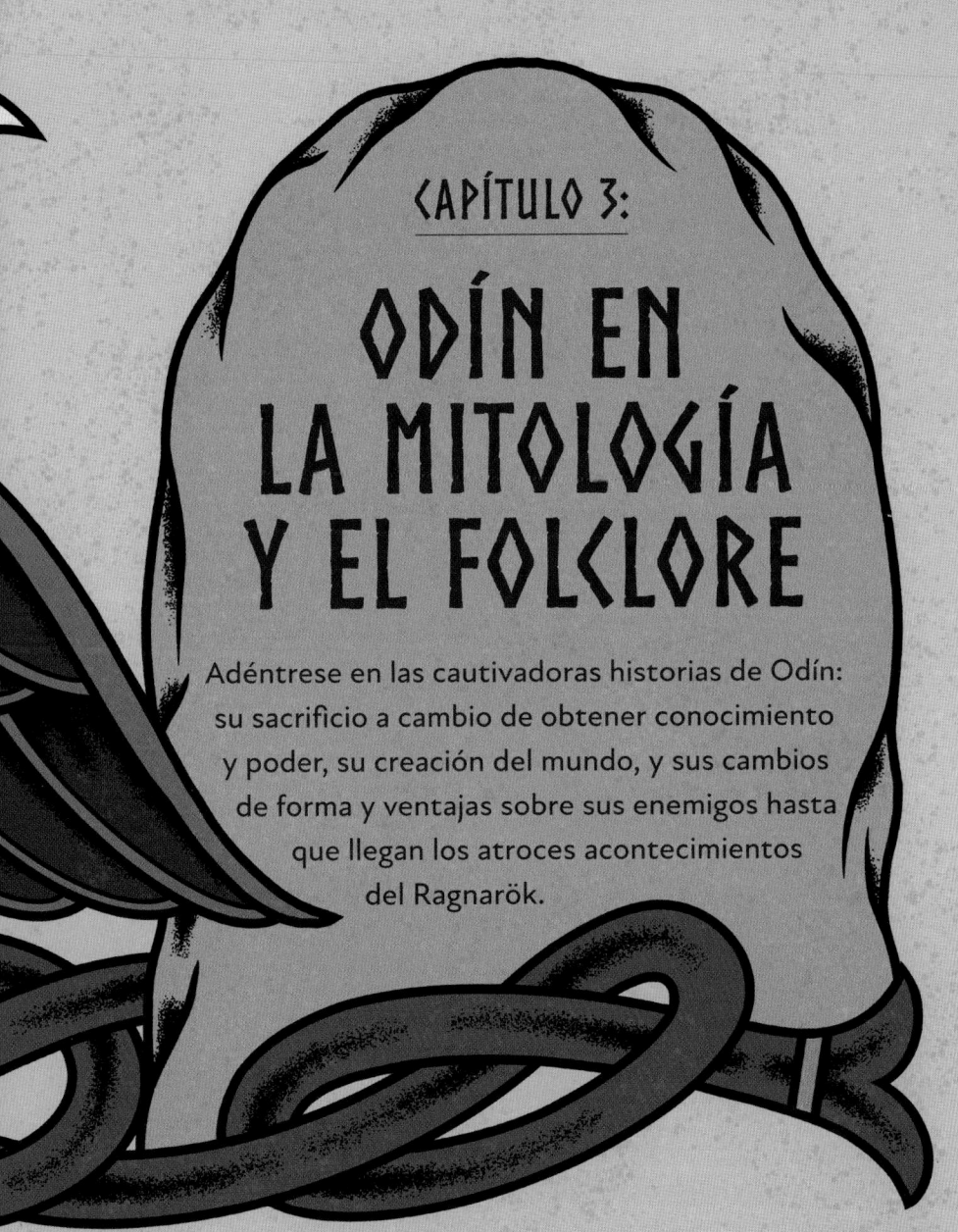

CAPÍTULO 3:

ODÍN EN LA MITOLOGÍA Y EL FOLCLORE

Adéntrese en las cautivadoras historias de Odín: su sacrificio a cambio de obtener conocimiento y poder, su creación del mundo, y sus cambios de forma y ventajas sobre sus enemigos hasta que llegan los atroces acontecimientos del Ragnarök.

PARA EL LECTOR

Cuando leemos, solemos hacerlo para nuestros adentros. Pero para apreciar los mitos nórdicos de forma total, debemos experimentarlos de la misma manera que lo hicieron los pueblos nórdicos hace cientos de años...

En 1993, el investigador alemán Edward Wachtel publicó un artículo donde relataba una asombrosa experiencia que tuvo en una cueva francesa ante una pintura rupestre prehistórica. El primer destino del recorrido de Wachtel fue el sistema de cuevas de Les Combarelles, en la Dordoña, bien mantenido y brillantemente iluminado. Pero Wachtel tenía dificultades para entender el arte rupestre que veía porque las imágenes estaban dibujadas de una manera que no tenía sentido: los animales estaban representados en múltiples poses, unas por encima de las otras. Esto desconcertó a Wachtel hasta que visitó el siguiente lugar de la Dordoña, una cueva llamada La Mouth, mal señalizada, con un mantenimiento mínimo y sin ningún tipo de iluminación. Su guía turístico era un agricultor local, *monsieur* Lapeyre que, en lugar de linterna, llevaba una lámpara de gas para guiarle por la cueva.

Fue bajo estas condiciones de iluminación deficiente que Edward Wachtel comprendió por qué las pinturas rupestres tenían el aspecto que tenían: estaban hechas para ser contempladas a la luz de una hoguera. Animó a Lapeyre a que hiciera oscilar la lámpara a cierta distancia de la pared, y cuando este lo hizo, los animales de los muros empezaron a cobrar vida, sus pigmentos se hicieron más claros o más oscuros y sus poses cambiaron de una a otra, dependiendo de dónde incidía la

luz y la sombra. Lo que Wachtel no había entendido antes al contemplar el arte rupestre, lo entendió al experimentarlo bajo las condiciones en las que había sido creado, a la luz vacilante del fuego. Wachtel descubrió una dimensión de profundidad en el arte que antes había estado ausente.

La mitología nórdica funciona de un modo muy semejante y se enfrenta a un problema similar: para aquellos de nosotros alejados de la tradición oral escandinava, el modo de acercarnos a sus mitos es leerlos en silencio a cualquier hora del día. Pero esto crea un efecto parecido al de observar las pinturas rupestres bajo una luz intensa: el cambio de medio nos hace perder toda una dimensión de entendimiento.

Para experimentar el impacto total de los mitos nórdicos, tenemos que reproducir las condiciones en que se crearon los relatos. Por suerte, la forma de hacerlo no es complicada.

A última hora de la tarde, o por la noche, encuentre tiempo para sentarse frente a un fuego o a la luz de unas velas, o al menos en un lugar poco iluminado, de preferencia con luz incandescente. Apague televisores y radios y reduzca cualquier otra fuente de ruido. El objetivo es ajustar el entorno para fomentar la sensación de «sentirse cómodo y satisfecho al sentarse alrededor del fuego con los seres queridos», una sensación que llaman *hygge* en la lengua danesa moderna. La sensación de *hygge* es algo que va tomando forma en nuestro interior por la reacción visceral al entorno. Es mejor intentar no «manifestar» el sentimiento interior basándonos en la idea teórica del mismo.

Una vez creado este entorno y acomodado en él, el paso siguiente es leer los mitos de este capítulo en voz alta, despacio y con tranquilidad, para su niño interior. Por «niño interior» no quiero decir el recuerdo del niño que fue, sino más bien la mente infantil que todos conservamos en nuestro interior. Es la oportunidad para que ese niño experimente de nuevo la excitación y el gozo de que le cuenten un cuento.

No pasa nada si en este momento exacto no puede hacer nada de eso. El propósito de estos párrafos es darle el conocimiento que necesita para experimentar los mitos nórdicos cuando se le presente la oportunidad.

No importa si ahora no nota ninguna sensación de *hygge* a pesar de fomentarla en su entorno. Esto puede pasar si nuestra vida es especialmente ajetreada o estresante, y todo lo que significa es que nuestro cuerpo requiere tiempo para recordar cómo relajarse. Podemos favorecerlo permitiéndonos las pequeñas comodidades que nos dan alegría y paz interior.

Pero, cuando le sea posible, le animo a leer los mitos siguientes en voz alta para sí mismo.

ALREDEDOR DE LA HOGUERA

Contar estos mitos alrededor de la hoguera de un campamento funciona de maravilla para este ejercicio. Si está acompañado, usted o algún miembro del grupo puede relatar estas historias en voz alta. Recuerde hablar despacio y con voz suave.

EL NACIMIENTO DE ODÍN

La historia de las fuerzas primordiales que formaron a los primitivos dioses y gigantes, y de cómo aparecieron Odín y sus hermanos.

Hace mucho, mucho tiempo, antes de que el tiempo existiera, no había arena, ni mar, ni olas rompiendo. No había tierra, ni sol, ni luna, ni estrellas. Al norte estaba Niflheim, el mundo oscuro, una llanura helada creada mucho antes que la tierra, y en ella había un manantial llamado Hvergelmir, un «caldero burbujeante» del que fluían muchos ríos venenosos y sulfurosos. Estos ríos se llamaban Svol, Gunnthra, Fiorm, Fimbulthul, Slid, Hrid, Sylg, Ylg, Vid, Leiptr y Gioll. Este último estaba localizado cerca de Helgrind, las puertas del infierno. Era un mundo de nieblas y hielo. En su conjunto los llamaban los ríos Elivagar, que significa «olas de tormenta».

Muy a lo lejos, al sur, había una tierra de calor y luz abrasadora. Se llamaba Muspelheim (también conocida como Muspell): luminosa, tórrida e intransitable para todos excepto para aquellos aclimatados al abrasador entorno. Muspelheim estaba protegido por Surt, el Oscuro, que se apostaba en los confines del territorio con su espada flamígera. Anhelaba el día de poder salir corriendo de este reino y abrasar todo lo que veía.

Entre Muspelheim y Niflheim se abría un gran vacío llamado Ginnungagap (o la Brecha). Estaba totalmente vacío excepto por los suaves vientos que soplaban desde el lejano Muspelheim, y un potencial infinito.

Un día, los ríos venenosos de Niflheim empezaron a fluir hacia la Brecha, fusionándose y formando placas de hielo en el fondo. De entre estas capas de hielo, los vapores venenosos de los ríos se elevaron por el aire y cubrieron el borde de la Brecha con escarcha salada. Pero el borde tenía la altura suficiente para que la escarcha se viera expuesta al calor de Muspelheim. Los vientos cálidos derritieron el hielo acumulado, gota a gota, que volvió a caer en la Brecha.

Los vapores siguieron ascendiendo, se congelaron y se fundieron, ascendieron, se congelaron y se fundieron, hasta que se fue depositando en el fondo un montón de escarcha. Con el tiempo adquirió forma humana. Su nombre era Ymir y fue el primero del tipo de monstruos que llamamos *jötun*, que significa «gigante», porque así es como solemos percibirlos.

El gotear de la escarcha continuó y formó un segundo ser, esta vez una vaca llamada Authumbla. De sus ubres manaron cuatro ríos de leche, que Ymir bebió y bebió, hasta caer en un profundo sueño. Mientras dormía, sudó gotas de escarcha salada por las axilas y los dedos de los pies, que tomaron la forma de otros de su tipo: gigantes, troles y muchos otros seres horripilantes de formas y aspecto espeluznantes. Rápidamente estas criaturas tuvieron sus propios hijos, hasta que se volvieron tan numerosos que se dispersaron por toda la Brecha.

Mientras Ymir seguía durmiendo, la vaca Authumbla encontró alimento lamiendo una piedra de escarcha salada formada por las gotas que caían. El primer día lamió hasta dejar al descubierto la forma del cabello de un hombre. El segundo, la forma de su rostro. Y el tercer día, el resto del cuerpo.

Este hombre se llamó Buri, y era distinto a Ymir porque era agraciado y bien formado. Tuvo un hijo llamado Bor, que se casó con una giganta llamada Bestla. A diferencia de muchas de sus hermanas, Bestla era hermosa y amable, algo que a veces se da entre los gigantes. Bor y Bestla tuvieron tres hijos: Odín, Hoenir y Lodurr (a veces Hoenir y Lodurr son llamados Vili y Ve). Estos hermanos fueron los primeros dioses, conocidos como los Aesir, y poseían el poder de crear el mundo entero.

Pero primero los hermanos tuvieron que matar a Ymir, porque era enorme, aterrorizador y salvaje más allá de toda razón. Así que entre los tres hermanos mataron al gigante. Brotó tanta sangre de sus heridas que llenó la Brecha hasta el borde, ahogándolo todo excepto a dos de los descendientes de Ymir, que fueron llevados muy lejos, hasta los confines del mundo llamado Jötunheim. Allí establecieron su hogar y de nuevo tuvieron más hijos monstruosos, llenos de ira y odio hacia los hijos de Bor. Observaron con malicia cómo los dioses crearon el mundo empujando el cuerpo de Ymir y dejándolo caer en la Brecha.

LA CREACIÓN DEL MUNDO

La historia de cómo Odín y sus hermanos, Hoenir y Lodurr, utilizaron el cuerpo del gigante primordial Ymir para crear Midgard, el mundo donde viven los humanos.

Cuando Odín y sus hermanos echaron el cadáver de Ymir en Ginnungagap, utilizaron a este ser primordial para crear el mundo donde vivimos. De su sangre formaron el mar y los lagos. Del mar, los hermanos sacaron el resto del cuerpo de Ymir para formar nuestro reino, Midgard, que significa «tierra media». Al hacerlo, empujaron a Niflheim —el mundo oscuro— a lo más profundo para que no helara este nuevo mundo.

De la carne de Ymir, los hijos de Bor formaron la tierra, y de sus huesos, las montañas. De su cabello formaron los árboles, y de sus dientes, las rocas, las piedras y la grava. Aprovechando el mar que habían creado con su sangre, ataron y amarraron la tierra. A continuación, del cráneo de Ymir crearon la bóveda celeste, que protege a Midgard del calor abrasador de Muspelheim. Entonces, lanzando su cerebro al aire, los hermanos crearon las nubes. Por último, de las pestañas del *jötun* muerto, Odín, Hoenir y Lodurr construyeron una muralla alrededor de Midgard para proteger a los hijos de los hombres contra la hostilidad de los gigantes de la escarcha.

En las cuatro esquinas de la bóveda celeste formada con el cráneo de Ymir, los hermanos situaron a cuatro enanos, Nordri, Sudri, Audri y Vestri, cuyos nombres significan «norte», «sur», «este» y «oeste». Los hijos de Bor atraparon las chispas que habían escapado de Muspelheim y las lanzaron hacia el cielo para que iluminaran los cielos y la tierra. Estas chispas brillantes, fijadas en su lugar por los hermanos, se convirtieron en el Sol, la Luna y las estrellas. Pero todavía no había noche ni día, amanecer o crepúsculo, porque el Sol y la Luna no conocían sus puestos, ni las estrellas sabían como alinearse para formar imágenes que determinaran las estaciones del año.

Los hermanos se reunieron para trazar el camino de los cuerpos celestes, de modo que el Sol y la Luna supieran hacia dónde tirar de sus carrozas, y las estrellas se colocaran adecuadamente para indicar el movimiento de las estaciones. Fue de este modo en que el mundo material llegó a ser.

Una vez terminado todo, los tres dioses fueron a dar un paseo por la orilla del mar, admirando el reino que habían creado. En la orilla descubrieron dos árboles caídos, un fresno y un olmo, inertes y sin propósito.

Odín, como primogénito, les dio el aliento, permitiéndoles nombrar y formar el mundo tal como él había hecho. Su hermano Hoenir les dio espíritu y movimiento, así como inteligencia, para que tuvieran voluntad y autoridad propias.

Por último, Lodurr les otorgó la sangre, que les daba un calor vital que suavizaba y calentaba su tez, y les concedió también la facultad de hablar, oír y ver. Los dioses les dieron ropa a estos seres y les llamaron Ask y Embla, el primer hombre y la primera mujer, y de ellos desciende toda la humanidad, desde esclavos hasta campesinos, guerreros y reyes.

Entonces, en el mismo centro del mundo, los dioses crearon su propio reino, Asgard, que es donde viven, igual que nosotros vivimos en Midgard. Odín se convirtió en el jefe de la familia de dioses y se le apoda «el Padre Todopoderoso» por el hecho de que muchos de los dioses Aesir descienden de él. En Asgard tiene un lugar llamado Hlidskialf, que significa «atalaya», y cada vez que se sienta en este alto trono puede ver todos los mundos y comprender lo que ve, incluyendo qué está haciendo cada persona y por qué. A su lado se sientan dos lobos, Geri y Freiki, y dos animales familiares en forma de cuervo llamados Huginn y Muninn, cuyos nombres significan «pensamiento» y «memoria». Cada mañana, al amanecer, Odín envía a sus cuervos a recorrer el mundo, y cuando regresan le cuentan lo que han visto. Con esta ayuda, Odín obtiene conocimiento sobre muchas cosas, y es por esta asociación que también se le llama Jrafnagud («dios cuervo»). Odín teme perder sus pensamientos, pero teme más aún la ausencia de memoria.

No satisfecho con estar siempre observando desde su atalaya, Odín a veces camina entre los hombres. Para ello cruza el puente arcoíris conocido como Bifrost, ganándose así el apodo de Vafud («trotamundos»). Mientras deambula disfrazado, aprende de las personas y también nos enseña, a menudo bajo el aspecto de un anciano que da consejos que pueden cambiar la vida de quien los recibe. Pero Odín se marcha tan pronto como llega; es un trotamundos auténtico y nunca se queda en un mismo lugar demasiado tiempo.

ACERCA DE -GARD Y -HEIM

Muchos lugares que se mencionan en la mitología nórdica terminan en -gard o -heim. La palabra *gard* significa «recinto» o «patio», pero puede referirse a una «granja» o a un enclave fortificado. Y *heim* significa «hogar», «morada» o «espacio donde vivir», y suele referirse a un país o reino.

LA GUERRA ENTRE LOS AESIR Y LOS VANIR

Las dos tribus de dioses, los Aesir y los Vanir, se enfrentaron en una sangrienta guerra. Tras firmar la paz, intercambiaron rehenes... con consecuencias interesantes.

Ódín era un jefe importante y poderoso que participó en numerosas batallas. Siempre que enviaba a sus hombres a la guerra o a una expedición, ponía sus manos sobre la cabeza de cada guerrero para bendecir su empresa y para que tuvieran confianza en que sus esfuerzos se verían recompensados.

Un día, Odín reunió a un gran ejército y se fue a la guerra contra la vecina familia de dioses, conocidos como los Vanir, que se disputaban el poder en los nueve reinos (*véase* El cosmos nórdico, págs. 16-17). Los Vanir eran temibles y estaban bien preparados, de forma que la igualdad de ambos ejércitos en el campo de batalla era máxima. Tras asolar tierras y cometer grandes masacres, las dos fuerzas enfrentadas se cansaron de batallar y convocaron una reunión para declarar una tregua e intercambiar valiosos rehenes, como tenían por costumbre.

Los Vanir enviaron a tres de sus mejores personajes como rehenes: Njord, su hijo Frey y su hija Freya.

Njord era un dios que presidía los múltiples aspectos de la navegación. Producía vientos y mares calmados, y vivía en un lugar conocido como Noatun, o «recinto de los barcos», que era donde se sentía más a gusto.

Frey era un guerrero joven y apuesto que traía lluvias suaves y un tiempo templado, haciendo que la tierra fuera verde y fértil. Su hogar era Alfheim, en Asgard.

Por último, Freya era una hermosa diosa experta en las artes mágicas conocidas como *seid*. Se las enseñó a Odín cuando él se lo pidió, aunque era una magia que solían aprender solo las mujeres. Al igual que su hermano, estaba versada en temas de amor y fertilidad, pero también de guerra y belleza.

En cuanto a los Aesir, enviaron a uno de sus miembros más cultos, el gigante Mimir, así como al dios Hoenir. Con su imponente aspecto de guerrero y líder, Hoenir fue inmediatamente nombrado jefe a su llegada a Vanaheim, el hogar de los Vanir. Pero al poco tiempo, estos empezaron a notar algo extraño: si sometían algún asunto difícil a la atención de Hoenir, y Mimir no estaba cerca para consultarlo, Hoenir simplemente decía: «Dejemos que otros decidan». De esta forma, no llegaba nunca a ninguna conclusión ni tomaba decisiones.

Sintiéndose engañados por los Aesir, los Vanir se vengaron decapitando a Mimir y enviando su cabeza a Asgard. A Hoenir no lo tocaron.

Deseoso de conservar la sabiduría de Mimir, Odín cogió su cabeza y, para evitar que se descompusiera, la embalsamó con ungüentos y hierbas. Mientras lo hacía, recitó unos ensalmos para dotar la cabeza de propiedades mágicas, confiriéndole así el poder de hablarle cada vez que él se lo pidiera. Desde ese día, siempre que Odín tenía una pregunta para la cual no tenía respuesta, o había algo que desconocía, consultaba a la cabeza de Mimir como oráculo, y esta siempre le daba valiosos consejos.

ODÍN ROBA EL HIDROMIEL DE LA POESÍA

Se dice que el Hidromiel de la Poesía es la fuente de toda inspiración
que Odín compartió con la humanidad. Pero ¿de dónde surgió esta pócima?

Al poco tiempo de instalarse en Asgard y construir sus residencias, los Aesir se mostraron en desacuerdo con un nueva tribu de divinidades: los Vanir. Estos dos grupos pronto llegaron a las manos (*véase* La guerra entre los Aesir y los Vanir, pág. 48), pero los Vanir, que practicaban la magia, demostraron ser duros adversarios para los poderosos Aesir. Tras días y noches de combate, los Aesir y los Vanir por fin firmaron la paz. Siguiendo la costumbre, intercambiaron prisioneros, pero también hicieron algo extraño: colocaron una gran tina en el suelo y cada miembro de los dos grupos escupió en ella por turnos.

Para conmemorar su tregua, de la combinación de su esencia los dioses crearon a un nuevo ser llamado Kvasir. Kvasir poseía una sabiduría ilimitada, era una entidad de conocimiento puro. Era capaz de responder a cualquier pregunta que se le formulara y su comprensión de todas las cosas era siempre sólida. Kvasir viajó por el mundo diseminando conocimiento.

Un día, pasó al lado de dos enanos llamados Fialar y Galar, que al momento le invitaron a su casa. Kvasir les siguió, pero una vez ocultos a los ojos de otras personas, Fialar y Galar le asesinaron.

Con Kvasir muerto, los dos enanos pronto se hicieron con tres recipientes. Los dos primeros eran unas tinas de gran tamaño, llamadas Son y Bodn, y el tercero era una cuba pequeña llamada Odrerir. Alzaron el cadáver de Kvasir y vertieron su sangre en los recipientes. Tras mezclarla con miel, la dejaron fermentar hasta que se convirtió en un potente hidromiel de propiedades excepcionales: quien lo bebía sentía un torrente de inspiración en lo más profundo de su ser y de sus labios brotaban asombrosos versos y sapiencia.

Mientras el hidromiel fermentaba, los Aesir empezaron a buscar a Kvasir. Su búsqueda les llevó a Fialar y Galar. Los enanos habían escondido los tres recipientes y les dijeron a los Aesir que Kvasir se había ahogado en la corriente de su propio conocimiento, porque nadie era capaz de formularle preguntas que para él supusieran un reto. Los Aesir aceptaron la explicación y, con el secreto asegurado, Fialar y Galar prosiguieron con sus asuntos.

Un día, los dos enanos invitaron a un gigante llamado Gilling y a su esposa a su casa, y durante su estancia, Gilling y los enanos se hicieron al mar en una barca. El casco chocó con un banco de arena, la barca volcó y todos cayeron por la borda.

Cuando Fialar y Galar lograron por fin enderezar la barca y subir de nuevo a bordo, vieron que Gilling se había ahogado; a diferencia de los enanos, su huésped no sabía nadar. Los dos regresaron a casa y le dieron la noticia a la mujer de Gilling, que rompió en sollozos y se puso a gemir de un modo terrible.

—¿Tal vez te consolaría ver el lugar donde se ahogó tu esposo? —le preguntó Fialar a la mujer de Gilling.

Ella asintió, pero mientras sollozaba y miraba tristemente hacia la puerta, Fialar le dijo a su hermano:

—¡Estoy harto de sus gritos! Voy a subirme a la puerta y dejaré caer una piedra de molino sobre su cabeza.

Dicho y hecho.

Gilling y su esposa tenían un hijo llamado Suttung. Cuando supo de la muerte de sus padres, cruzó las montañas, metió a los enanos en una barca, remó mar adentro y los abandonó en una pequeña lengua de tierra que las aguas cubrían durante la marea alta.

—Por favor, ¡perdónanos! —gritaron los enanos—. Te daremos una buena recompensa. Tenemos un hidromiel mágico, hecho con la sangre del sabio Kvasir, que confiere una gran inspiración a aquellos que lo toman. Te enseñaremos dónde está a cambio de nuestras vidas.

Así fue como se zanjó el asunto. Fialar y Galar salvaron la vida y Suttung se llevó a casa los tres recipientes de hidromiel. El gigante los guardó en una fortaleza llamada Hnitbiorg y confió su vigilancia a su hija Gunnlod.

Entonces pasó que, de un modo u otro, Odín se enteró de que Suttung poseía un hidromiel mágico y decidió que lo quería para él. Así fue como el Padre Todopoderoso se disfrazó de vagabundo llamado Bolverk y cruzó las montañas hasta llegar a las tierras de Suttung. Una vez allí, descubrió un campo donde nueve esclavos segaban heno.

—Parecéis buenos trabajadores —les dijo. Tras sacar una piedra de afilar del zurrón añadió—: Quizás os convendría afilar las cuchillas.

Los esclavos asintieron y le permitieron que afilara sus guadañas.

—¡Las cuchillas cortan mucho mejor que antes —exclamaron los esclavos—. Anciano, ¿nos venderías la piedra de afilar?

—El que desee esta piedra deberá pagar un precio razonable —respondió el viajero.

—¡Sí ¡Lo que tú quieras! —dijeron los esclavos.

Pero no preguntaron qué tendrían que darle a cambio. El anciano lanzó la piedra al aire y los esclavos intentaron cogerla, olvidándose de las afiladas guadañas que sostenían en sus manos. Chocaron unos con otros y nueve cuchillas afiladas cortaron nueve cuellos; los nueve esclavos cayeron muertos al suelo.

Odín prosiguió su camino hasta llegar a la casa de un gigante llamado Baugi, que era hermano de Suttung. Al caer la noche, Baugi se lamentó de lo mal que le había ido el día. Por la mañana, nueve de sus esclavos se habían matado unos a otros y no sabía dónde iba a encontrar trabajadores que les sustituyeran.

—Me llamo Bolverk —dijo Odín—, y puedo hacer el trabajo de esos nueve hombres durante el verano. Lo único que pido a cambio es un trago del hidromiel de Suttung.

—Yo no puedo decidir quién bebe del hidromiel —confesó Baugi—. Pertenece a mi hermano y ha dejado bien claro que lo quiere solo para él. Pero al final del verano iré contigo a ver a Suttung y veremos qué podemos sacarle.

Bolverk estuvo de acuerdo y realizó el trabajo de los nueve hombres durante todo el verano. Luego, Baugi y él partieron en busca de Suttung. Tras escuchar su petición, Suttung gritó:

—¡No, absolutamente no! ¡No os voy a darle ni una sola gota de hidromiel!

Así que Bolverk y Baugi se fueron con las manos vacías, convencidos de que era inútil razonar con Suttung.

—Quizás podríamos probar con otras estrategias —sugirió Bolverk.

Se dirigieron a la montaña donde se ocultaba Hnitbiorg. Una vez allí, Bolverk sacó una barrena, una herramienta para hacer agujeros similar a un sacacorchos.

—Toma, taladra un agujero en la montaña —le dijo Bolverk a Baugi.

Baugi empezó a hacer un orificio hasta conseguir abrir un estrecho y profundo pasaje. Bolverk sopló hacia el interior de la abertura y salieron volando polvo y esquirlas de piedra, lo que indicaba que no había salida por el otro lado.

—Sigue taladrando —dijo Bolverk.

Baugi siguió trabajando y cuando Bolverk sopló de nuevo en el agujero, el polvo y las esquirlas se desplazaron hacia el interior. En un santiamén, Odín se transformó en serpiente y se deslizó pasaje abajo.

Al otro lado, Odín llegó a una estancia en la que había Gunnlod —la hija de Suttung— y los tres recipientes de hidromiel. Odín se transformó en apuesto joven y se acercó a ella. Gunnlod quedó tan impresionada por el extraño atractivo de aquel muchacho que se olvidó de dar la alarma. En lugar de ello, yacieron juntos durante tres días y tres noches, haciendo el amor. Transcurrido este tiempo, Gunnlod le permitió a Odín tomar tres tragos de hidromiel.

Odín, oculto bajo su disfraz, se dirigió al primer recipiente, Odrerir, y de un solo trago se bebió todo el contenido. A continuación, se acercó a Bodn, el segundo recipiente, e hizo lo mismo. Por último, fue hacia Son y lo vació de la misma manera. Una vez los tres recipientes estuvieron vacíos, Odín se transformó en águila y se fue volando velozmente de vuelta a Asgard. Cuando Gunnlod se dio cuenta de que había sido abandonada, lloró amargamente por la traición.

Suttung vio el águila y supo lo que había ocurrido. Furioso, también él cobró forma de águila y se puso a perseguirla. Desde la distancia, el guardián de los Aesir, Heimdall, vio a las dos aves y, comprendiendo las circunstancias, llamó a los Aesir para que reunieran todos sus

recipientes. Los dioses se apresuraron a ir en busca de boles, calderos, cubas y todo tipo de vasijas, y los sacaron al aire libre.

En cuanto estuvo cerca, Odín abrió el pico y dejó caer el hidromiel en los recipientes. Pero escapó tan por los pelos, que parte del hidromiel salió disparado del trasero de Odín. Este hidromiel cayó en Midgard y se le denominó la «parte del rimador» o la porción del mal poeta. Cualquiera puede beber de esta porción de hidromiel, pero su poesía será absurda y francamente mala.

El resto del hidromiel se compartió entre los Aesir, que se convirtieron en buenos poetas. Odín le dio también una parte a los artistas humanos, razón por la cual la poesía se denominó el don de Odín, así como la bebida de los Aesir. Hasta nuestros días, el Hidromiel de la Poesía es lo que inspira a la humanidad a crear maravillosas canciones, historias y poemas.

UN OJO A CAMBIO DE LA SABIDURÍA

Yggdrasil, el Árbol del Mundo, es el fresno sagrado situado en el centro del cosmos nórdico. Bajo sus raíces, en el reino de Jötunheim, se encuentra un pozo repleto de conocimiento, que demuestra ser una tentación irresistible para un dios como Odín.

En la granja de los dioses se encuentra un fresno llamado Yggdrasil, el Árbol del Mundo, que es tan grande y vigoroso que sus ramas se extienden por el mundo entero, conectando todas las cosas. Todos los días, los dioses celebran sus reuniones a la sombra de este ilustre y extraordinario árbol.

En la parte superior de la copa vive un águila, que sabe muchas cosas. Sobre su pico se sostiene en equilibrio un halcón llamado Vedrfolnir («descolorido por el viento») que le ayuda a vigilar el mundo.

Debajo del árbol, entre sus raíces y en las profundidades de la tierra, habita una serpiente llamada Nidhogg («la que golpea con malicia»). Roe sin cesar las raíces junto con otras siete serpientes: Goin, Moin, Grafvitnir, Grabak, Grafvolund, Ofnir y Svatnir.

Por el tronco del árbol corretea una ardilla roja llamada Ratatosk («diente que taladra»). No para de correr desde lo alto de las ramas hasta las fuertes raíces del suelo, subiendo y bajando sin cesar. De camino, va pasando habladurías y calumnias entre el águila que vive en la copa y Nidhogg, la serpiente que habita entre las raíces.

Además de Ratatosk, entre las ramas siempre verdes de Yggdrasil hay cuatro ciervos que comen vorazmente las magníficas hojas del árbol. Se llaman Dain, Dvalin, Duneyr y Durathror.

Las raíces de Yggdrasil se extienden muy lejos, y tres de ellas se han abierto camino hasta tres pozos. El primer pozo se llama Hvergelmir, del que fluyen los ríos sulfurosos y venenosos de Elivagar (*véase* El nacimiento de Odín, pág. 44); este pozo y sus ríos se encuentran en las profundidades del reino helado de Niflheim.

La segunda raíz llega hasta el pozo de Urd, situado en Asgard. Este pozo pertenece a tres mujeres denominadas las nornas, que tejen la tela del destino. Se llaman Urd, Verdandi y Skuld. Todos los días, al sacar agua del pozo, toman la arcilla que yace en el fondo del mismo y embadurnan con ella a Yggdrasil para devolverle la vida, ya que las serpientes roen sus raíces y dañan gravemente el árbol. De esta agua procede también el rocío que cae sobre los verdes valles de Asgard, así como el que cae sobre la tierra, conocido como rocío de miel; de él se alimentan las abejas. Dos cisnes se alimentan también del agua del pozo de Urd, y de estas dos aves primordiales descienden todos los cisnes de la tierra.

La tercera y última raíz se extiende hasta el reino salvaje y montañoso de Jötunheim, y va a parar a un pozo que pertenece a un gigante llamado Mimir. Mimir poseía un gran conocimiento y era muy culto, porque todos los días bebía el agua de este pozo con el cuerno de Giallarhorn, y las aguas le conferían gran sabiduría y entendimiento.

Un día, Odín se fue a Jötunheim a pedirle a Mimir un trago de agua de este pozo de conocimiento. Pero Mimir dijo:

—Para ganarte el don del agua, debes entregarle al pozo uno de tus ojos.

Así, Odín debía arrojar uno de sus ojos a las profundidades del pozo si quería obtener mayor entendimiento. Y eso es lo que el Padre Todopoderoso hizo. Como resultado se convirtió en una figura muy sabia, porque aunque uno de sus ojos sigue observando el mundo que le rodea, el otro mira a lo más profundo de las aguas de la sabiduría.

EL SACRIFICIO DE ODÍN

El conocimiento no es gratis, pero una vez más Odín está más que dispuesto a pagar el precio que sea. Para obtener la sabiduría de las runas, Odín se sacrifica en el Árbol del Mundo. Hoy día empleamos el conocimiento que Odín nos transmitió para crear el tipo de magia que llamamos escritura.

El Árbol del Mundo o Yggdrasil es conocido como «la horca de Odín», y en el siguiente relato se explica por qué.

Siendo un dios de la sabiduría, Odín sabía muchas cosas y más, pero hubo un momento en que algo seguía eludiéndole: el conocimiento de la magia y el poder que podría obtener de las runas. Un día, Odín llegó a la base del Árbol del Mundo, que contiene todos los reinos, todos los secretos y todas las cosas. Odín anhelaba poseer el conocimiento de las runas, quería conocer una magia poderosa que le permitiese cambiar el curso de los acontecimientos y el resultado de la realidad.

Pero algo le impedía adquirir este conocimiento, y Odín sabía exactamente qué era: él mismo. No podía tener lo que deseaba si insistía en permanecer intacto, sin que ello lo cambiara. El conocimiento tiene un precio, y como Odín quería el mayor de todos, tenía que pagar el precio más alto. Así que trepó por las ramas, hizo un nudo corredizo en una cuerda y se colgó; después se atravesó el cuerpo con una lanza, haciendo de él un sacrificio dedicado a sí mismo.

Mientras Odín colgaba de las ramas, experimentó todo lo que el árbol Yggdrasil experimentaba, viviendo y muriendo simultáneamente. En ningún momento le dieron pan ni cerveza, pero estos deseos mundanos no le preocupaban mientras se iba desvaneciendo de su mente el viejo conocimiento y la nueva sabiduría empezaba a llegar.

Ahora Odín conocía la verdadera grandeza y fuerza de las runas. Ahora sabía cuál era la mejor manera de tallar las runas, de leerlas, de teñirlas con la propia sangre, de ponerlas a prueba, de invocarlas, de usarlas en rituales y sacrificios, y de cómo vencer al enemigo con su ayuda. Así pues, tras nueve noches, Odín se descolgó de las ramas de Yggdrasil y fue al encuentro de los humanos para compartir su conocimiento recién adquirido.

LA IMPORTANCIA DEL NÚMERO NUEVE

El número nueve aparece repetidas veces en los mitos nórdicos: Odín cuelga de Yggdrasil durante nueve días, se hace referencia a los nueve reinos, y de la argolla mágica que Odín lleva en el brazo surgen otras ocho cada nueve noches, formando un total de nueve. Es también múltiplo de tres, el número de la creación y de los resultados.

El número tres aparece cuando dos cosas se combinan para formar otra, anteriormente «oculta»: dos personas se juntan para engendrar un hijo; el mar y la tierra se encuentran para formar la costa. El concepto representado por el número nueve se sitúa en el centro de numerosas prácticas esotéricas, entre ellas las nórdicas.

Mediante su autosacrificio, Odín adquirió
también el conocimiento de numerosos hechizos,
dieciocho para ser exactos:

1

El primero se llama «ayuda» y sirve contra todo tipo de pena y tristeza.

2

El segundo es un conjuro para aquellos que desean aprender a sanar y a convertirse en médicos.

3

El tercero mella las cuchillas de los enemigos de Odín para que, cuando las usen durante la batalla, sus armas no le puedan herir.

4

El cuarto libera cualquier grillete que pudiera aprisionar a Odín simplemente pronunciando las palabras.

5

El quinto controla el vuelo de las flechas del enemigo en la batalla, desviándolas o deteniéndolas en su camino, y por tanto salvando a Odín de cualquier daño.

6

El sexto es otro hechizo defensivo: si una persona te ataca, será ella la que resulte herida.

7

El séptimo evita que un fuego arda con fuerza excesiva, por lo que si un palacio se incendia, Odín todavía puede salvarlo.

8

El octavo remedia el odio que existe entre dos enemigos enfrentados.

9

El noveno es para la navegación: calma los fuertes vientos y los mares tumultuosos.

10

El décimo es para hacer que la bruja que sea vista cruzando el cielo nocturno pierda la piel y la mente.

11

El número once hay que recitarlo bajo un escudo, para que cuando un amigo entre en batalla esté protegido y regrese sano y salvo.

12

El duodécimo es un hechizo de resurrección, para el que se utilizan runas manchadas con sangre. Con él se consigue que un colgado vuelva a andar y hablar.

13

El trece requiere rociar a un muchacho con agua para que nunca sea vencido en batalla.

14

El número catorce le da a Odín conocimiento sobre todos los Aesir y los elfos, de modo que siempre pueda impresionar cuando se encuentre frente a su anfitrión.

15

El quince es un canto que confiere fuerza a los Aesir, éxito a los elfos y conocimiento a Odín.

16

El dieciséis es un hechizo de amor que puede cambiar el corazón de cualquier persona, sin importar lo fría o cabezona que sea.

17

El diecisiete hace que la pareja siga siendo fiel y leal.

18

¿Cuál es el decimoctavo hechizo? «Es mucho mejor si solo yo lo sé», razonó Odín.

LA TORTURA DE GRIMNIR

En muchas sociedades de la Edad del Hierro, la hospitalidad era crucial para la paz.
Si un rey no era hospitalario con sus invitados, era un mal rey. En esta historia,
Odín pone a prueba la valía de un rey por medios inusuales.

Había una vez un rey llamado Hraudung que tenía dos hijos: Agnar y Geirrod. Un día, cuando Agnar tenía diez años y Geirrod ocho, subieron a una barca y se hicieron a la mar para atrapar pececillos; para ello, llevaban cañas y sedales. Mientras pescaban se levantó una tormenta y la barca fue arrastrada mar adentro por un fuerte viento. Por la noche tomaron tierra en una costa lejana y caminaron a tientas en la oscuridad hasta que llegaron a una pequeña granja, donde pasaron el invierno.

La granja pertenecía a un matrimonio de ancianos, que en realidad eran Odín y Frigg disfrazados. La anciana se ocupó de Agnar y el anciano de Geirrod. Cuando llegó la primavera, el anciano subió a los dos niños a una barca para que volvieran a su casa, pero antes de su partida, el viejo se llevó a Geirrod aparte y le susurró algo al oído. El hermano pequeño no le dijo al otro lo que le había dicho, sino que permaneció callado durante toda la travesía. Cuando llegaron al puerto de su padre, el secreto se puso de manifiesto. En cuanto la barca tocó puerto, Geirrod saltó al muelle y gritó:

—¡Vete adonde el maligno te lleve!

Geirrod empujó la barca hacia el agua con Agnar dentro. Cuando Geirrod volvió a la casa de su padre, fue recibido con algazara y fanfarria. El rey Hraudung había fallecido durante la ausencia de los niños, y Geirrod se convirtió en el nuevo rey.

En los años siguientes se casó y tuvo un hijo, a quien nombró Agnar en honor a su hermano mayor.

Odín y Frigg observaron el transcurso de los acontecimientos sentados en el trono de Hlidskialf, desde el cual podían ver el mundo entero. Odín se giró hacia su esposa y dijo:

—¿Ves a tu ahijado Agnar criando a sus hijos en una cueva con una giganta? Mi ahijado, Geirrod, ¡es rey y gobierna el país!

Pero Frigg se burló:

—Menudo rey. Es tacaño a la hora de compartir los alimentos con sus invitados, y los tortura si son más numerosos de los que desea atender ese día.

—¡Tonterías! —exclamó Odín—. Esto es una solemne mentira.

—Entonces hagamos una apuesta —respondió Frigg. Y así lo hicieron.

Frigg envió a Fulla, su doncella, ante el rey Geirrod. Fulla se disfrazó y cuando llegó ante el rey le transmitió este mensaje:

—¡Cuidado con lo mezquino que eres con tu comida y con tu tiempo, rey Geirrod, a menos que desees atraer los terribles conjuros del mago que ha llegado a tu reino! No sabrás quién es más que por un solo indicio: no existe el perro tan fiero ni tan salvaje que se atreva a saltar sobre él y atacarle.

En esas épocas antiguas, acusar a un rey de no ser hospitalario era algo muy grave, y al oír esa calumnia, el rey Geirrod despidió con furia a la mujer. Luego, reunió a sus hombres y les ordenó que arrestaran a cualquier hombre que un perro no se atreviera a atacar.

Con el tiempo encontraron a uno. Se trataba de un hombre que vestía una capa azul, y la única pregunta a la que contestaba era cuando le pedían cómo se llamaba: Grimnir, que significa «el enmascarado». Pero por más que el rey Geirrod intentara sacarle información, Grimnir se mantenía callado.

Furioso, el rey mandó que torturaran al mago capturado para hacerle hablar. Colocaron a Grimnir entre dos hogueras y le dejarón allí durante ocho noches sin agua ni comida.

Pero al día siguiente, a la octava noche, Agnar, el hijo de diez años del rey, se acercó a Grimnir con un cuerno lleno de agua y le dijo que el rey se equivocaba al torturar a un hombre inocente, como era él. Grimnir tomó el cuerno y bebió, pero al hacerlo las llamas rozaron la capa, que ardió.

Al verlo, Grimnir se arrancó la capa y empezó a recitar un poema disparatado. En él bendecía a Agnar, antes de revelar que era nada menos que Odín y lanzar una maldición sobre el rey Geirrod; solo preveía sangre y muerte en su futuro inmediato.

Al darse cuenta de que Grimnir era Odín, el rey Geirrod se alzó tambaleando de su trono para rescatar al Padre Todopoderoso del fuego, pero al hacerlo, la espada que tenía en el regazo resbaló y se cayó, con la punta hacia arriba. El rey Geirrod tropezó y murió al caerse y empalarse sobre la espada.

El Padre de Todos desapareció y Agnar, el hijo de Geirrod, fue rey durante largos años después.

LA CARRERA CONTRA HRUNGNIR

Odín reta a uno de los gigantes más poderosos a una carrera que le lleva hasta el Valhalla. Un error en el protocolo a seguir con los invitados origina una batalla entre Thor y el gigante, que a partir de ahí se convertirá en una amenaza permanente.

Un día, Odín cabalgó hasta Jötunheim a lomos de Sleipnir, su caballo de ocho patas. Allí, se detuvo frente al hogar de un gigante llamado Hrungnir («el pendenciero»). Hrungnir se maravilló al ver el recién llegado y preguntó:

—¿Qué tipo de persona está frente a mí, con un casco de oro y cabalgando sobre cielos y mares? ¡Tienes un espléndido caballo!

A esto Odín respondió:

—Me apuesto la cabeza a que no hay un caballo en Jötunheim mejor que el mío.

Hrungnir se enfureció ante esta jactancia y dijo con furia de gigante:

—Por bueno que sea tu caballo, el mío, Gullfaxi, da pasos más largos, y perderás tu apuesta en cuanto te lo demuestre!

Hrungnir saltó a lomos de Gullfaxi y empezó a perseguir a Odín y a Sleipnir, pero estos sugieron en cabeza al pasar por la siguiente cuesta y colina.

Tan rabioso estaba el gigante que no se dio cuenta de que atravesaban los portales de Asgard hasta que se halló frente a las puertas del Valhalla, donde Odín le invitó a entrar y tomar algo. Hrungnir abrió las puertas de un golpe y exigió algo de beber; los Aesir le sirvieron cerveza en las grandes copas que solía utilizar Thor. El gigante las apuró todas y luego comenzó a lanzar todo tipo de fanfarronadas:

—¡Me llevaré el Valhalla a Jötunheim! —anunció, ya ebrio—. ¡Destruiré Asgard y lo enterraré bajo los escombros, y mataré a todos los dioses! ¡Me llevaré a Freya y a Sif a casa conmigo, vaya si lo haré!

Tras pronunciar estas palabras, únicamente Freya se atrevió a llevarle más bebida.

Al poco rato, los Aesir se hartaron de las fanfarronadas de Hrungnir y llamaron a Thor. Este llegó al instante a las puertas del Valhalla, con los ojos lanzando fuego de la rabia y con su martillo Mjölnir alzado sobre su cabeza.

—¿Quién ha dejado entrar aquí al gigante? —rugió—. ¿Quién se encarga de la seguridad de Hrungnir en el Valhalla y por qué Freya le está dando de beber como si de un banquete se tratara?

Hrungnir dirigió su mirada malévola hacia Thor.

—Pues ha sido el propio Odín quien me ha invitado a tomar algo —replicó el gigante—. Me encuentro bajo la protección de tu padre.

Ante estas palabras, los ojos de Thor lanzaron chispas y gruñó:.

—Vas a lamentar haber aceptado esa protección antes de marcharte de aquí.

Hrungnir se burló y se repantigó en su asiento.

—Serás un hombre sin honor si me matas ahora que no voy armado —dijo—. Demuestra tu honor y acepta un duelo contra mí en el linde de mi casa, Griotunagardar («el patio de los campos rocosos»). Lucharía contigo aquí si tuviera mis armas a mano, aunque sería absurdo

hacerlo sin mi escudo y mi piedra de afilar. Pero matarme ahora, ¿desarmado? Eso sería un acto ruin.

Thor estaba dispuesto a aceptar el duelo, porque nadie se había atrevido a desafiarle antes. Hrungnir cabalgó entonces de vuelta a Jötunheim y la noticia de su duelo con Thor se extendió como la pólvora entre los gigantes. Aunque Hrungnir tenía gran confianza en su propia fuerza, su gente creyó que corría un gran riesgo con este enfrentamiento, pues Hrungnir era el más grande y más fuerte de todos los gigantes, y no querían perder la protección que él suponía para ellos.

Así las cosas, en Griotunagardar los gigantes construyeron un hombre de arcilla, llamado Mokkurkalfi, de nueve leguas de altura y tres leguas de ancho, pero no encontraron un corazón de su medida hasta que tomaron el de cierta yegua. Sin embargo, comprobaron que aquel corazón era débil: a la llegada de Thor, el gigante de arcilla se acobardó y, cuenta la leyenda, que incluso se orinó encima.

Por el contrario, el corazón de Hrungnir era de piedra, igual que su cabeza y su escudo. Su arma principal era una piedra de afilar, que descansaba sobre su hombro cuando Thor se puso frente a él.

Se inició el duelo. Thialfi, el hombre de Thor, se fue corriendo hacia Hrungnir y dijo:

—Gigante, ¡tienes bajada la guardia! Aunque te escondes tras tu escudo de piedra, Thor te ha visto. Está avanzando rápidamente bajo la tierra y te golpeará en los pies!

Al oír estas palabras, Hrungnir tiró su escudo al suelo y se subió a él. Pero Thor fue tras él y descargó su martillo contra la piedra de afilar del gigante. Esta se rompió en dos; una parte cayó al suelo, y de ella salieron todas las piedras de afilar del mundo, y la otra parte se le clavó a Thor en la cabeza. Thor le dio a Hrungnir con el martillo en el cráneo y este se hizo añicos. El cuerpo del gigante cayó sobre Thor, que quedó atrapado.

Thialfi se deshizo de Mokkurkalfi con facilidad y fue a levantar la pierna del gigante que aplastaba a Thor, pero no lo consiguió. Todos los Aesir lo intentaron una y otra vez, pero ninguno de ellos conseguía desplazar el cadáver de Hrungnir.

Pero entonces llegó Magni, el hijo que Thor había tenido con la giganta Jarnsaxa y que entonces tenía tres años. El pequeño consiguió levantar la pierna del gigante y liberar a su padre sin ningún esfuerzo.

—¡Ojalá hubiera llegado antes! —dijo el hijo de Thor—. ¡Habría golpeado a ese gigante hasta enviarlo directamente al infierno!

Orgulloso de su hijo, Thor se alzó y proclamó que crecería fuerte y vigoroso.

—También he decidido regalarte a Gullfaxi, el caballo de Hrungnir! —dijo.

Odín, que había presenciado toda la escena, dijo frunciendo el ceño:

—Qué lástima que le dieras un caballo tan magnífico al hijo que tuviste con una giganta y no a mí, tu propio padre.

Cuando Thor regresó a casa, fue a visitar a una hechicera llamada Groa para que le ayudara a quitarle el trozo de piedra de afilar alojada en su cabeza. Groa recitó sus conjuros y la piedra empezó a moverse. Thor se alegró tanto que como pago le dio noticias de su esposo, Aurvandil.

Thor se había dirigido hacia el sur vadeando los ríos Elivagar desde Jötunheim, llevando a Aurvandil en una cesta a su espalda. La prueba de esta hazaña fue esta: uno de los dedos del pie de Aurvandil se había salido de la cesta y se congeló, así que Thor lo rompió y lo lanzó al cielo, donde se convirtió en la estrella llamada Dedo de Aurvandil. Faltaba poco tiempo para que Aurvandil regresara a su casa. Groa se quedó tan encantada con la noticia que se olvidó de los conjuros y la piedra de afilar ya no se movió más; quedó clavada en la cabeza de Thor.

Por esta razón no tiramos piedras de afilar por la habitación, porque cuando esto sucede hace vibrar la piedra que Thor tiene alojada en la cabeza.

BARBAGRÍS EL BARQUERO

En esta historia, el Padre Todopoderoso se disfraza de barquero para molestar a su hijo Thor, como forma de poner a prueba su mente.

Un día, estaba Odín sentado en su trono Hlidskialf, desde donde suele contemplar el mundo, y vio a Thor que regresaba a Asgard desde Jötunheim por el oeste, siguiendo una ruta desconocida. El Padre Todopoderoso observó que algo más adelante un fiordo se cruzaba en el camino de Thor y vio la oportunidad de hacer algo por su hijo que este, normalmente, no haría por sí mismo: ejercitar el ingenio y el tacto.

Veréis, Thor es un dios que saca rápidamente su genio y confía en su martillo para solucionar casi todas las disputas, por lo que no está acostumbrado a utilizar las palabras como arma. Odín decidió que quería divertirse un poco con ello, así que cuando vio a Thor que se acercaba rodeando la colina, el Padre Todopoderoso se disfrazó de barquero y se sentó en la otra orilla del fiordo, al lado de una gran barca hecha de roble, y puso cara de cansado y aburrido.

Cuando Thor llegó a la orilla del fiordo, se rascó la barba y frunció el ceño, pensando en cómo podía cruzar el agua. De pronto, a la distancia vio al viejo barquero y le llamó.

—¡Eh! —gritó—. ¿Quién es ese joven que está al otro lado del agua?

Estaba claro que el hombre no era joven, porque tenía una larga barba gris, pero a Thor le apetecía divertirse.

—¿Y quién es ese patán que berrea desde la otra orilla? —replicó el barquero, a quien el comentario de Thor no le había hecho gracia.

—Si me llevas al otro lado —dijo Thor—, te pagaré con un buen desayuno. Esta cesta que llevo a la espalda está llena de comida, y antes de salir me harté de arenques y avena.

Pero el barquero se burló.

—¡Vaya, pues no estás tú orgulloso de tu abundancia esta mañana! Pero apuesto a que no sabes de dónde sacarás tu próxima comida, patán. Te espera un triste regreso a casa, apuesto a que tu madre está muerta.

Thor frunció el ceño y gruñó, pensando en una respuesta.

—Sería una noticia terrible para mucha gente, no solo para mí, si mi madre estuviera muerta —respondió.

Al fin y al cabo, la madre de Thor es Jord, la propia tierra.

No parece darse cuenta de que le estoy insultando, pensó Odín. Quizás debería decir algo peor. Y así lo hizo:

—Ni tan siquiera parece que tengas tres buenas granjas a tu nombre. Caminas descalzo, vas vestido con harapos y ni siquiera llevas pantalones.

Esto era cierto, porque Thor se había quedado en ropa interior para hacer el camino. El dios del trueno hizo un mohín.

—¡Vamos, hombre! —dijo Thor—. Ya basta, ¡trae la barca a este lado! Te indicaré un buen lugar donde desembarcar. Por cierto, ¿quién es el propietario de la barca de la que te encargas?

—Mi amo se llama Hildolf, respondió el barquero—. Y es un guerrero muy estimado, de buen juicio, que vive en un lugar llamado fiordo de Rathsey. Me ordenó que no subiera a bordo a desvergonzados, bandidos o ladrones de caballos, solo a hombres respetables que pudiera reconocer con claridad. Y no puedo decir que haya visto antes a alguien como tú.

Eso seguro que le sienta mal, pensó Odín. Está acostumbrado a que todo el mundo le reconozca.

—¡Pues te diré mi nombre! —bramó Thor, enfureciéndose al instante—. ¡Lo diría aunque estuviera huyendo de la ley! Soy el hijo de Odín, hermano de Meili, padre de Magni, y el más poderoso de todos los Aesir. ¡Estás hablando con Thor! Y lo que ahora quiero saber és ¿quién eres tú?

—Soy Barbagrís —replicó el barquero—. No tengo motivo alguno para ocultar mi nombre.

—¿Por qué ibas a ocultarlo, si no hay animosidad entre nosotros? —preguntó Thor.

—Tanto si hay animosidad entre nosotros como si no, ¡me abstendré de relacionarme con gente como tú! —gritó Barbagris—. ¡A menos que me maten si no lo hago!

Eso sí que enfureció de veras a Thor. Sacó su martillo y se metió en el agua, pero se detuvo a pensar en si quería mojarse; no deseaba ir vadeando con el agua helada hasta la ingle y tener que pasar por esa terrible experiencia.

—¡No eres más que un llorica! —le gritó a Barbagrís, tras decidir que se quedaba en la orilla—. Te haré pagar tus burlas cuando cruce el agua.

—¡Pues aquí te estaré esperando si lo consigues! —le gritó Barbagrís—. No te has enfrentado a ningún hombre tan fuerte como yo desde que murió Hrungnir.

—Oh, así que sabes algo de lucha, ¿eh? —replicó Thor.

Y con eso, los dos se lanzaron a un intercambio de fanfarronadas, presumiendo sobre sus hazañas de grandes guerreros.

Dijo Thor:

—Sí, luché contra Hrungir, un gigante tan ancho como alto, ¡con la cabeza de piedra y un corazón a juego! Era feroz, pero yo lo era más, y lo derribé de plano con mi martillo. ¿Y qué estabas haciendo tú entonces, Barbagrís?

Dijo Barbagrís:

—Pues andaba con los muchachos; durante cinco años combatimos, saqueamos y nos repartimos las mujeres. Esas chicas eran listas, sí, pero yo lo era más, y al final me las camelé a todas. ¿Y tú, Thor, qué estabas haciendo con tu tiempo?

Dijo Thor:

—Maté al poderoso gigante Thiazi y lancé sus ojos al cielo, donde brillan como estrellas todas las noches. Ahora la humanidad entera puede mirar al cielo y contemplar la mayor de mis hazañas.

Dijo Barbagrís:

—Yo encanté a brujas con terribles hechizos de amor y las seduje alejándolas de sus maridos. Un gigante llamado Hlebard me regaló una varita mágica y con ella le robé el seso.

—¡Eso fue juego sucio, pagarle su regalo con tu crueldad! —exclamó Thor, rompiendo el ritmo de su intercambio de fanfarronerías.

—Un roble prospera cuando se arranca la corteza de otro —dijo simplemente Barbagrís—. En este mundo todos miran por sí mismos. ¿Y qué estabas haciendo tú con tu tiempo, Thor?

Dijo Thor:

—Estaba en el oriente luchando contra los gigantes, contra esas mujeres *jötun* que acechan en las montañas. Qué fantástico hubiera sido para el pueblo de los gigantes si hubieran sobrevivido, porque habrían matado a todos los humanos de Midgard. Y tú, Barbagrís, ¿qué estabas haciendo con tu tiempo?

Dijo Barbagrís:

—Me encontraba en tierras lejanas, instigando guerras, incitando a príncipes a la violencia y sofocando la paz allí donde surgía. Así es como actúan los guerreros de Odín mientras Thor se acobarda, ¡porque Thor tiene de fuerza lo que le falta de valentía! Recuerdo cuando te quedaste atrapado en el guante del gigante Skrymir, tenías tanto miedo de que te pillaran que no te atrevías a estornudar ni a tirarte un pedo.

—Barbagrís, ¡qué sucio eres! —gritó Thor, interrumpiendo de nuevo el ritmo. Te daría un buen golpe en la cabeza si pudiera cruzar el fiordo.

—Oh, pero ¿por qué harías algo así cuando no existe ninguna animosidad entre nosotros? —replicó Barbagrís con sarcasmo—. Dime, Thor, ¿qué estabas haciendo con tu tiempo?

Y así siguieron... Thor recordando a todos los gigantes a quienes había matado y Barbagrís explicando todas las guerras en las que había combatido y todas las mujeres que había perseguido. Pero era evidente que las palabras no eran el modo habitual de combate para Thor, y cada vez le costaba más encontrar las respuestas ante la rapidez de Barbagrís... ¡sobre todo cuando además le insultaba!

Al cabo de un rato, Thor se hartó.

—¿De dónde sacaste todo eso, sabelotodo? —le gritó al barquero desde la otra orilla del fiordo—. Nunca había oído nada parecido en toda mi vida.

—Pues lo saqué de los ancianos que viven en el bosque, por supuesto —respondió Barbagrís.

—¿Quieres decir en el cementerio? —exclamó Thor—. ¿De los muertos? ¡Tus palabras son un insulto para su naturaleza; «ancianos que viven en el bosque», vaya modo de referirse a ellos.

En la otra orilla, Barbagrís se encogió de hombros.

—Es solo mi forma de hablar.

Thor alzó su martillo y lo agitó; tenía los ojos encendidos de rabia.

—Y si sigues hablando así, ¡aullarás más fuerte que el lobo cuando me encuentre ante ti! —bramó.

Barbagrís se rió.

—Si lo único que quieres es alguien a quien golpear, ¡apresúrate, Thor! He oído decir que tu esposa Sif tiene un amante en casa. Golpéalo a él.

Thor pisoteó el suelo con el rostro rojo de ira.

—¡Ahora solo dices el primer insulto estúpido que te pasa por la cabeza! —gritó—. ¡Creo que mientes!

—Yo creo que no —respondió Barbagrís—. Atraparías antes a ese desalmado si no te estuvieras entreteniendo.

Thor alzó la mirada al cielo y vio que el Sol estaba muy alto.

—¡Maldito seas, Barbagrís, miserable! —rugió—. Me has hecho perder todo este tiempo.

Barbagrís se enjugó la frente, pero no tenía aspecto de estar cansado.

—Y pensar que el poderoso Thor ha permitido que su viaje fuera interrumpido por estas tácticas —dijo—. ¡Y nada menos que por un barquero!

—¡Pues ahí va una táctica, Barbagrís! —gritó Thor—. Trae acá la barca y llévame a la otra orilla.

—Mm, me parece que no —dijo Barbagrís—. Tendrás que ir andando.

Thor pisoteó de nuevo el suelo y resopló, pero no podía golpear al barquero en la cabeza desde el otro lado del fiordo.

Se quedó refunfuñando en la orilla.

—Pues si te niegas a llevarme en tu barca, ¿puedes al menos indicarme el camino? —preguntó Thor.

Barbagrís se quedó pensando unos segundos.

—Supongo que la distancia es corta —respondió—. Pero el viaje es largo. Sigue por ese camino hasta la empalizada, y después continúa andando hasta llegar a la piedra que bifurca el camino. Sigue por la izquierda hasta llegar al país de Verland. Allí encontrarás a tu madre, y ella te indicará el camino de vuelta a las tierras de Odín.

—¿Eso me llevará más que todo el día? —preguntó Thor.

—Quizás, si te das prisa, llegarás antes de que se ponga el sol —respondió Barbagrís.

Y con esas palabras, Thor se dio la vuelta para emprender el camino que el barquero le había indicado.

—¡No me queda nada que decirte, Barbagrís! —exclamó—. Sobre todo porque tus respuestas son solo burlas e insultos. La próxima vez que nos encontremos, me aseguraré de que mi martillo te dé las «gracias».

Y mientras Barbagrís veía cómo Thor se alejaba, lanzó un último insulto a la espalda del dios del trueno:

—«¡Vete adonde los monstruos te atrapen!».

Pero, por lo que sabemos, Thor nunca volvió a ver a ese barquero.

UNA BATALLA DE INGENIO

La sed de conocimiento de Odín y su afán por viajar le lleva a emprender un viaje a Jötunheim (ante el desagrado de su esposa, Frigg). Allí se encuentra con el gigante Vafthrudnir e inicia una batalla de rimas con la intención no solo de ganarla, sino de aprender más cosas sobre los acontecimientos del Ragnarök (*véanse* págs. 78-80).

Un buen día, Odín le dijo a su esposa Frigg que tenía la intención de emprender un viaje para visitar al gigante Vafthrudnir, allá por las tierras salvajes de Jötunheim.

—He oído decir que sabe mucho sobre muchas cosas —dijo Odín—, y siento curiosidad por ver lo sabio que realmente es enfrentándome a él con unos juegos de palabras.

Pero Frigg negó con la cabeza. Conocía a Vafthrudnir y sabía que era un poderoso hechicero.

—Creo que es mejor que te quedes en Asgard —dijo ella—. Vafthrudnir conoce secretos sobre el universo que incluso nosotros desconocemos, y podrías acabar perdiendo si te enfrentas a él con juegos de palabras.

Pero Odín no se dejó convencer. Al fin y al cabo, había puesto a prueba numerosas mentes, y la de Vafthrudnir no era una que pudiera ignorar. Así que se disfrazó y dejó Asgard atrás, y viajó hasta Jötunheim, donde el gigante tenía su morada. Al llegar, cruzó las puertas de la casa y se presentó ante Vafthrudnir como un extraño llamado Gagnrad, y le dio a saber que quería desafiarle con unos juegos de palabras. El gigante aceptó y los dos se sentaron en una de las largas mesas, apostando que el que perdiera el juego perdería también la cabeza.

El juego con el que Gagnrad empezó a batirse con Vafthrudnir trataba sobre la creatividad y, a la vez, sobre cosas triviales. Las reglas eran que una persona se sentaba y hacía preguntas, mientras la otra permanecía en pie y respondía. Pero tanto las preguntas como las respuestas tenían que rimar. Cuando el que hacía las preguntas se quedaba sin rimas, los dos oponentes cambiaban de lugar y de rol. El primero que no supiera responder correctamente una pregunta, o que no lo hiciera de forma rimada, sería declarado perdedor.

Gagnar se ofreció a ser el primer en ser interrogado, por lo que Vafthrudnir se sentó en el banco y empezó a formular preguntas en verso:

—Dime, Gagnrad, ya que en este salón deseas poner a prueba tu mente, ¿cuál es el nombre del caballo que tira del día para toda la humanidad?

Gagnrad respondió:

—Skinfaxi se llama el brillante corcel que tira del día para toda la humanidad, con su melena siempre reluciente —eso es lo que dicen.

Vafthrudnir prosiguió de esta manera hasta que no le quedaron más preguntas. Entonces, le hizo un gesto amable con la cabeza a Gagnrad y lo felicitó por su conocimiento. Dicho esto, se intercambiaron el sitio.

Gagnrad no se había desplazado hasta Jötunheim solo para demostrar que era más listo que Vafthrudnir. No, tenía otro plan en la cabeza. Empezó formulándole a Vafthrudnir las típicas preguntas:

—Antes de nada, sabio Vafthrudnir, dime, porque esto debes saberlo, ¿de dónde proviene el cielo que hay sobre nuestras cabezas y la tierra que hay bajo nuestros pies?

Vafthrudnir respondió:

—De la carne de Ymir se formó la tierra, de cada hueso cada montaña. El cielo se formó con el cráneo del gigante, y su sangre es el mar que ahora vemos.

Pero poco a poco Gagnrad fue pasando a los secretos que quería descubrir y le lanzó una batería de preguntas:

—¿Quién vivirá después de la gran batalla del Ragnarök? ¿De dónde procederá el nuevo Sol cuando el lobo se coma el actual? ¿Qué provocará la muerte de Odín?

Vafthrudnir estaba tan concentrado en intentar hacer que sus respuestas rimaran, que no prestaba atención al tipo de contestaciones que iba dando... hasta que ya fue demasiado tarde.

Gagnrad, viendo que Vafthrudnir empezaba a captar lo que estaba ocurriendo, súbitamente puso fin al juego con una pregunta final:

—He puesto a prueba mentes, he puesto a prueba poderes, he puesto a prueba muchas cosas y he ganado. Cuando Odín puso a Balder en la pira funeraria, ¿qué secretos le susurró a su hijo?

Vafthrudnir alzó las manos en señal de derrota y respondió:

—Nadie lo sabe, nadie sabe lo que le dijiste. Nadie sabe los secretos que le susurraste a Balder al oído, cuando él, tú hijo, estaba muerto. Y ahora me he condenado a mí mismo con este antiguo saber, hablando sobre los misterios del ocaso de los dioses, ¡tú eres Odín, sonsacándome información con este juego! Eres el más sabio de todos.

No se sabe con certeza qué ocurrió después. Pero dado que ambos se habían apostado la cabeza en esta batalla de ingenio, pues bien... podemos adivinar quién se quedó sin ella al final.

LOS SUEÑOS DE BALDER Y ODÍN CABALGA A HELHEIM

De todos los dioses y diosas de Asgard, ninguno era tan bello como Balder, el hijo de Odín. Resplandecía con un fulgor cálido y apacible, y su naturaleza era tan generosa que todo juicio que emitía era justo y amable. Todos querían a Balder, y cuando este empezó a soñar con su propia muerte, todos se alarmaron.

Cuando quedó claro que los sueños de Balder sobre su muerte inminente no desaparecían, los Aesir se reunieron alrededor del fresno Yggdrasil y se preguntaron por qué Balder tenía semejantes pesadillas.

—Si lo que le espera a mi hijo es realmente la muerte —dijo Odín—, entonces la muerte tendrá la respuesta. Me iré a Helheim y descubriré lo que pueda.

Así que se puso un disfraz, ensilló a Sleipnir, su caballo de ocho patas, y se fue cabalgando al país de Hel.

Una vez en el reino cubierto por la nieve y la niebla, se acercó a las puertas de entrada, donde estaba encadenado el lobo Garm. El lobo presentaba un aspecto amenazador, con sangre seca en el pecho y alrededor de la boca, y le ladró ferozmente al Padre Todopoderoso cuando este pasó galopando a lomos de Sleipnir.

Pero Odín no se acercó al palacio de Hell, sino que se fue hacia el este, donde había la tumba de una antigua vidente. Detuvo el caballo frente a la tumba y, sin desmontar, recitó un hechizo de resurrección. Una y otra vez repitió el conjuro, hasta que por fin la vidente se alzó a regañadientes de su sepultura.

—¿Quién va? —preguntó con una voz ronca y áspera—. ¿Quién tengo frente a mí? ¿Sabes lo difícil que es para mí deshacer el camino de vuelta desde el más allá? Me ha nevado y llovido encima, y el rocío me ha empapado de pies a cabeza. Sí, hace mucho tiempo que estoy muerta, sí, muerta. ¿Qué quieres?

—Me llamo Vegtam —dijo Odín—. Soy hijo de Valtam, y he venido de parte del mundo para preguntarte sobre los recientes acontecimientos en Hel. Eché una mirada al palacio cuando pasé cabalgando frente a él, y vi unas argollas para brazo esparcidas por los bancos, y montones de oro apilados sobre el podio. Dime, oh pitonisa, ¿se está preparando Helheim para recibir a alguien importante?

—¡Sí, es verdad! —respondió la vidente—. Los muertos han preparado estas cosas y otras más. También han elaborado un hidromiel del más claro y fino, lo han metido en barriles y han estampado un escudo sobre la madera. Pero los Aesir tiemblan de miedo por quién es, ¡nada más y nada menos que Balder! Y ahora que te he dicho estas cosas, a mi pesar, no diré nada más y me despediré de ti.

—¡Espera! ¡No te vayas! —exclamó Odín—. Tengo más preguntas, y debo seguir hasta que no me quede ninguna. ¿Quién será el que asesine a Balder? ¿Quién tomará la vida del hijo de Odín?

—Igual que Balder vive en eterna luz, hay alguien que vive en eterna oscuridad

—respondió la vidente—. El que llaman Hod le quitará la vida al gentil Balder, provocando su caída hacia estos tristes parajes. Y ahora que te he dicho estas cosas, a mi pesar, no diré nada más y me despediré de ti.

—¡Espera! ¡No te vayas! —exclamó Odín—. Tengo más preguntas, y debo seguir hasta que no me quede ninguna. ¿Quién se vengará de Hod por este acto vil? ¿Quién le conducirá a la pira funeraria?

—Será Vali, el hijo de Odín, que nacerá de Rind en una tierra muy lejana, al oeste. Su espíritu es tal que combatirá cuando solo tenga una noche de edad, y ni se lavará las manos ni se peinará hasta haber matado al asesino de Balder. Y ahora que te he dicho estas cosas, a mi pesar, no diré nada más y me despediré de ti.

—¡Espera! ¡No te vayas! —exclamó Odín—. Tengo más preguntas, y debo seguir hasta que no me quede ninguna. ¿Cuál de las nueve hijas de Aegir, las nueve olas del océano, llorará con una pena tan tremenda que las velas de los barcos serán como fulares alrededor de sus cuellos?

—Solo existe una persona que pueda formular este tipo de preguntas enigmáticas —advirtió la pitonisa—. Tú no eres Vegtam, como querías hacerme creer, sino Odín. ¡El mismísimo Odín!

—Y yo que pensé que estaba hablando con una vidente —dijo Odín con furia, dirigiéndose a Sleipnir para marcharse de allí—, y no con la madre de tres asquerosos gigantes. Vaya respuestas asquerosas que me has dado.

La vidente se burló:

—¡Cabalga ahora de vuelta a Asgard, Odín! —gritó mientras él salía a toda prisa del cementerio—. Cabalga y enorgullécete de lo que engendraste entre nosotros. Y ojalá nadie vuelva a visitarme hasta que Loki se libere de sus ataduras y el Ragnarök ponga fin al mundo.

ODÍN Y SUS MÚLTIPLES NOMBRES

En muchos de los relatos, Odín se disfraza y utiliza diferentes nombres. Vegtam significa «trotamundos» o «domador de caminos», un buen nombre para aquel que viaja en busca de conocimiento.

LA MUERTE DE BALDER

Mientras Odín estuvo en Helheim, en busca de noticias sobre Balder, Frigg hizo lo que hacen todas las madres y pensó cómo podía proteger a su hijo.

espués de los sueños de Balder, Frigg llegó a la conclusión de que este no podía morir, pasara lo que pasara, si todas las cosas juraban no hacerle nunca daño. Así que se fue por todo el mundo e hizo jurar a cada piedra, cada metal y cada trozo de madera que jamás dañarían a Balder bajo ninguna circunstancia. Todas las cosas lo juraron, y cuando Frigg regresó a Asgard, no había agua que le ahogara, fuego que le quemara, cuerda que le colgara, arma que le hiriera y veneno que le robara el aliento a Balder. Todo, desde las serpientes hasta las enfermedades, hasta la propia tierra, se habían comprometido a no hacerle ningún daño a Balder. Y con ello, Frigg se quedó tranquila.

Curiosos por poner a prueba el juramento realizado por todas las cosas, los Aesir intentaron hacerle un pequeño corte en el dedo a Balder con un cuchillo, pero no quedó ni un rasguño, y mucho menos una hendidura. Tampoco lograron clavarle un cuchillo en la mano, ni perforar ninguna parte de su cuerpo. Esto fue a más hasta que todos los Aesir empuñaron sus armas y le dispararon flechas con sus arcos, pero Balder permanecía allí, proclamando felizmente que se sentía tan ligero como una cálida brisa. Los Aesir lo vitorearon al saber que Balder estaba a salvo de todo mal.

Pero no todos estaban tan contentos con la situación. Allí, en la distancia, estaba Loki, observando la escena y muerto de celos. ¡Oh, sí, todo el mundo quería a Balder! Todas las cosas habían aceptado no hacerle daño... pero sí se lo harían a todo lo demás. ¿Por qué Balder tenía que ser la excepción?

Impulsado por estos pensamientos, Loki se disfrazó de mujer y se dirigió al salón de Frigg, donde la encontró preparándose para asistir a la asamblea.

—¿Cómo van las cosas? —preguntó Frigg.

—Pues las cosas son lo que son —comentó la mujer—. He visto a los chicos divirtiéndose, lanzando toda su colección de lanzas, espadas y flechas a la cabeza del joven Balder, pero ninguna de ellas le dejó marca. He visto a hombres más afectados por el susurro del viento que Balder por la cuchilla de un guerrero.

—Ah, sí —dijo Frigg, con gran satisfacción—. Eso es porque ningún arma, ni ahora ni en el futuro, podrá hacerlo caer. Todas las cosas de la tierra han dado su palabra de que jamás le harán daño a mi hijo Balder.

—¿Es eso cierto? —preguntó la mujer, con cara de gran sorpresa—. ¿Es verdad que todas las cosas han jurado no hacer nunca daño a Balder, el dios resplandeciente?

—Bueno... —dijo Frigg, pensativa—. Todas excepto un tipo de arbusto que crece en lo alto de las copas de los árboles, al oeste del Valhalla, que se llama muérdago. Es demasiado jovencito y pequeño para que yo le exija un juramento.

Ante estas palabras, la misteriosa mujer desapareció al instante, dejando perpleja a Frigg. Loki corrió por los aires, sobre valles y montañas, hasta que encontró el muérdago en el árbol que Frigg había descrito. Lo arrancó de la rama y confeccionó con él una flecha; mientras lo hacía no paraba de reírse a carcajadas.

Luego, se dirigió a la asamblea, donde los Aesir seguían arrojando hachas y disparando flechas contra Balder. La única persona que no participaba era Hod, que se había quedado sentado a un lado mientras los otros se divertían. Loki se le acercó.

—¡Saludos, Hod! —dijo—. ¿Por qué estas sentado aquí solo, cuando podrías unirte al juego de los muchachos?

—Vaya, vaya, si es Loki —respondió Hod—. Mi mala suerte quiere que sea ciego en lugar de sordo. Por eso estoy aquí, ya sabes: no puedo ver dónde está Balder, así que ¿cómo sabría dónde lanzar las flechas? Además, no dispongo de ningún arma con la que hacerlo.

—¡Oh, vamos! —dijo Loki—. Tienes que hacerle los honores a Balder. Toma, aquí tengo un arco y una flecha que te puedo prestar. No te preocupes, yo te ayudaré a apuntar.

Así que Loki y Hod se acercaron a Balder. Loki se colocó al lado del dios resplande-

ciente y empezó a gritar para que Hod supiera hacia dónde apuntar. Hod tensó el arco y disparó la flecha, que atravesó el corazón de Balder y le mató al acto. Loki desapareció al instante.

Todos los Aesir se quedaron estupefactos al ver a Balder sangrando en el suelo. Se miraron unos a otros y supieron a quién culpar por tan horrenda acción: Loki. Pero Odín se tomó su muerte peor que nadie, porque sabía lo que la desaparición de Balder significaba para el destino de los Aesir.

Frigg se levantó y dijo:

—¿Quién de vosotros desea ganarse todo mi amor y mi favor yendo a Helheim para encontrar a Balder y persuadir a Hel para que nos lo devuelva?

Un hombre llamado Hermod, uno de los hijos de Odín, se ofreció voluntario. Odín le prestó a Sleipnir para el viaje. Tras la partida de Hermod, los Aesir celebraron el funeral de Balder.

A la ceremonia asistieron muchos que viajaron de muy lejos solo para verle. Incluso fueron gigantes de la escarcha y gigantes de la montaña, ya que también ellos le amaban. Los dioses formaron un triste pero extravagante cortejo y depositaron su cadáver en un magnífico barco. Su esposa, Nanna, estaba tan angustiada observando los preparativos, que tuvo un ataque y murió también. La colocaron en el barco al lado de su marido.

Una vez hecho esto, Odín se acercó a su hijo y se inclinó para susurrarle secretos al oído. A día de hoy, nadie sabe cuáles fueron.

Prendieron fuego al barco, en la orilla, y arrojaron las ofrendas finales para Balder y Nanna, incluido el caballo del dios. El regalo de Odín para la pira funeraria fue una argolla de oro llamada Draupnir; cuando la lanzó a las llamas adquirió las propiedades de la tristeza que reinaba en el ambiente. Por ello, cada nueve noches llora ocho argollas de oro exactamente iguales que ella.

Mientras tenía lugar el funeral, Hermod cabalgó nueve noches por valles tan oscuros y profundos que la luz desapareció, dejándole ciego, y no vio nada más hasta que llegó al río Gioll y al puente de oro que conducía al Otro Mundo. Una mujer llamada Modgud, que significa «batalla furiosa» y era la guardiana del puente, siseó en señal de protesta cuando oyó el ruido que hacían las pezuñas de Sleipnir al golpear el puente.

—¿Quién va? —exclamó—. Nada más y nada menos que cinco batallones de hombres cruzaron el puente el otro día, pero tus pasos son igual de pesados. No eres un difunto, ¿qué vienes a hacer aquí?

—Me dirijo a Helheim para encontrar a Balder —respondió Hermod—. Dime, ¿ha pasado por aquí?

—Oh, sí, Balder cruzó este puente no hace mucho —dijo ella—. Pero tienes que ir más abajo, y más al norte, si quieres alcanzarle en Helheim.

Hermod emprendió la dirección que le había indicado, hasta llegar a las puertas de Hel. No aminoró el paso al acercarse, sino que saltó por encima de la verja y cabalgó directamente hasta el palacio de Hel. Se detuvo ante sus puertas, desmontó y las cruzó a pie para ir en busca de Balder.

No tuvo que buscar mucho. Balder estaba sentado en el asiento de honor, mientras que a su alrededor tenían lugar las celebraciones. Hermod se quedó esa noche, pero así que amaneció se acercó a Hel, la diosa de la muerte, y le rogó que le permitiera a Balder volver a Asgard.

—Nadie ha sido tan amado como Balder —dijo—. Y en Asgard solo hay angustia y lamentos por su muerte. Seguro que entiendes lo cruel que es llevarse a alguien tan querido por todos.

—Si Balder es tan querido como tú dices, entonces todas las cosas tienen que demostrarlo —dijo Hel—. Balder volverá con los Aesir con una condición: que todo lo que existe en el mundo llore por su regreso, vivo o muerto. Si hay una sola excepción, permanecerá aquí, en Helheim.

Hermod se dispuso a marcharse, pero antes de hacerlo Balder le dio la argolla Draupnir para que se la devolviera a Odín de recuerdo. Nanna también le entregó regalos para que se los diera a Frigg y a sus doncellas.

Cuando Hermod regresó a casa y les contó a todos la historia, los Aesir enviaron mensajeros por todo el mundo para que pidieran a todas las cosas que lloraran por el regreso de Balder. Todas las cosas lloraron. Todo humano, todo gigante y todo animal, piedra y árbol lloró, dejando caer lágrimas igual que el invierno helado se deshiela con el calor. Pero en el camino de vuelta a Asgard, los mensajeros descubrieron una cueva donde vivía una giganta llamada Thok (que significa «gratitud»), cuyos ojos estaban completamente secos.

Cuando le pidieron que llorara por Balder, alzó la nariz con desdén y una expresión agria se dibujó en su rostro.

—¡No veo por qué! —exclamó—. El hijo de Odín no me hizo ningún bien mientras vivía, ni tampoco muerto. Por lo que a mí respecta, Hel puede quedárselo.

Algunos dicen que esta giganta era Loki disfrazado, y es cierto que durante todos estos sucesos no hubo ni rastro de Loki. Pero, sea como fuera, es por culpa de Thok que Balder permaneció en el reino de los muertos.

¿Y qué pasó con Loki? Cuando por fin los Aesir lo atraparon, lo dejaron bien atado bajo la tierra, donde permanecerá hasta la batalla final del Ragnarök.

EL RAGNARÖK

El Ragnarök es la culminación de todo aquello que conduce al colapso: a la ruina y la destrucción de amistades, familias y sociedades. En este caso, es el colapso del mundo de los dioses. A pesar de sus esfuerzos por evitarlo, el mundo de Odín se viene abajo.

◇dín estaba preocupado por la muerte de Balder porque sabía lo que eso iba a comportar.

Mucho, mucho tiempo atrás, cuando era joven y ávido por todo tipo de conocimiento, Odín consultó a una vidente para que hiciera una profecía. Nadie más que Odín sabe si esta vidente estaba viva o muerta, si vivía en una tierra cercana o lejana, si su rostro le era familiar a alguien o era una total desconocida. Lo único de lo que podemos estar seguros es de las palabras que le dijo a Odín cuando este la conminó:

—Dime el futuro de los dioses.

La vidente atisbó el futuro y esto es lo que dijo:

—Veo muchas cosas: Balder muerto a manos de Hod, y Loki atado bajo la tierra. Veo una edad de la hacha, una edad de la espada, una edad del viento y una edad del lobo. Hermano luchando contra hermano hasta matarlo, y los dioses pereciendo en la batalla final conocida como el Ragnarök... ¿Estás seguro de que quieres saber más?

Cada vez que la vidente le preguntaba a Odín si quería saber más, este respondía que sí.

La mujer siguió diciendo:

—Vendrá un invierno que durará tres años, con terribles vientos, y todo el mundo deberá esforzarse mucho por se-

guir adelante. Veo a la serpiente del mundo que circunda la tierra soltar el extremo de su cola. Todo tiembla con tal ferocidad que los grilletes se rompen y Fenrir, el lobo que está encadenado, se libera. Abre sus fauces de tal modo que abarcan la tierra y el cielo, y sus ojos y orificios nasales escupen un fuego ardiente... ¿Estás seguro de que quieres saber más?

—Ahora veo a los gigantes de fuego, los de Muspelheim, cabalgando por el cielo oscuro y envolviendo el mundo en llamas, con Surt a la cabeza. Veo a Helheim desatarse de golpe: los muertos salen corriendo y cruzan las puertas para luchar en el bando de los gigantes. Y ahora veo a Loki, liberado de su cárcel, en la proa de una nave hecha con las uñas de hombres muertos. Y todo lo que una vez estuvo enjaulado y atado, enterrado y abandonado, va tras los dioses... ¿Estás seguro de que quieres saber más?

—Veo a Heimdall haciendo sonar el Giallarhorn, convocando a los Aesir a una asamblea. Veo a Odín cabalgando hacia el pozo de Mimir para consultarlo una última vez. Yggdrasil tiembla y todo el mundo tiene miedo. Los guerreros del Valhalla se visten sus armaduras y salen a la carga del palacio de Odín... ¿Estás seguro de que quieres saber más?

—Ahora veo cómo perecen los dioses: Thor lucha contra la serpiente Midgard, su vieja enemiga. La mata, pero solo da nueve pasos antes de caer muerto por el veneno del reptil. Frey cae a manos de la espada flamígera de Surt; tiempo atrás, Frey cambió su espada por su mujer, y ahora pierde la vida por ello. Veo a Loki y a Heimdall matándose el uno al otro, derribados por sus espadas. En cuanto a Odín, ha sido engullido entero por el lobo Fenrir, que ha venido a buscarle especialmente a él... ¿Estás seguro de que quieres saber más?

—Vidarr, el hijo de Odín, venga la muerte de su padre aplastando la mandíbula de Fenrir con su enorme bota de cuero, y acaba desgarrando al lobo. El sol se vuelve negro, la tierra se hunde en el mar y las estrellas se desvanecen del cielo. Los lobos se tragan el sol y la luna y los cielos se cubren de fuego y de cenizas... ¿Estás seguro de que quieres saber más?

—La tierra se alza de nuevo de entre las aguas, y veo como se vuelve verde y fértil. Los pocos dioses que sobreviven se reúnen en el campo donde antes estuvo el Valhalla y encuentran el juego de ajedrez

de oro con el que los Aesir habían jugado tiempo atrás. Allí construyen un nuevo palacio llamado Gimle y pasan los días divirtiéndose... Pero ahora veo al dragón Niddhogg que ha salido volando por detrás de las montañas barridas por la noche, y en sus alas hay cadáveres... Y ahora, estoy cansada y me hundo...

Esto ocurrió en los tiempos en que Odín perseguía los misterios más profundos del universo sin importarle lo que costarían... y fueron estos misterios los que le mostraron lo alto que era el precio: negociar por un conocimiento que excluía su comprensión.

Al principio esto no le preocupó demasiado. Entnces no existía ningún lugar llamado Helheim, ni una serpiente llamada Midgard, ni un lobo llamado Fenrir. Pero los temores latentes de Odín se avivaron hasta formar una llama de terror cuando su hermano de sangre Loki y su consorte, una giganta llamada Angrboda, tuvieron tres hijos.

El primero fue Hel, que tenía forma de una muchacha viva por un lado, y de cadáver de piel azulada por la otra. Odín la desterró a las profundidades de la tierra. El segundo hijo fue Jormungand; tenía la forma de una pequeña serpiente y Odín lo echó al mar.

El último hijo fue Fenrir, que tenía forma de lobo. Fiel a su naturaleza de lobo, Fenrir era orgulloso y fuerte, y solo el dios Tyr tenía el valor de alimentarle. Fenrir era demasiado feroz para ser desterrado o eliminado por los medios habituales, así que los Aesir decidieron tenderle una trampa. Lo ataron con un hilo traslúcido e irrompible hecho por los enanos, y lo dejaron en un lugar llamado bosque de Járnviðr, con una espada atravesándole las fauces.

Pero nada de esto consiguió acabar con los hijos de Loki. Hel se convirtió en la diosa del Helheim y guardiana de los difuntos. Jormungand creció y adquirió enormes proporciones, hasta que circundó la tierra entera. Y Fenrir no hizo más que crecer y crecer mientras permanecía atado en el bosque, porque Angrboda lo alimentaba.

Todos los temores de Odín se hicieron realidad. Frey se enamoró de Gerd, una giganta, y le entregó a su sirviente su espada a cambio de que fuera a buscarla. Balder, el hijo de Odín, fue asesinado por Hod y los Aesir persiguieron a Loki y lo dejaron atado bajo la tierra por haber instigado el crimen. Allí, una serpiente venenosa dejó caer veneno en su rostro, lo cual originó que Loki hiciera temblar la tierra.

Y cuando llegó el Ragnarök y las fauces de Fenrir se lo tragaron, Odín pensó: «¿Fue la vidente la que creó estos acontecimientos, o fui yo? ¿Fueron las manos del destino las que les dieron forma? ¿Fueron los miedos de mi mente? ¿Fue casualidad? ¿O fue todo simplemente una conjetura afortunada?». Pero ninguna de estas respuestas importaba, porque al final las fauces del lobo se lo tragaron.

Algunos dicen que el Ragnarök fue algo que ocurrió hace mucho tiempo. Otros que todavía está por venir. Pero algunos afirman que existe una tercera opción: el Ragnarök es algo que siempre ocurre en algún lugar u otro, y que seguirá ocurriendo una y otra vez.

El anciano deambula por el mundo y da consejos extraños que pueden cambiar una vida. Pero dice una cosa que la mayoría de la gente solo comprende tras haberla malinterpretado, de la misma forma que hizo él en otros tiempos: «Sé sabio, pero nunca demasiado».

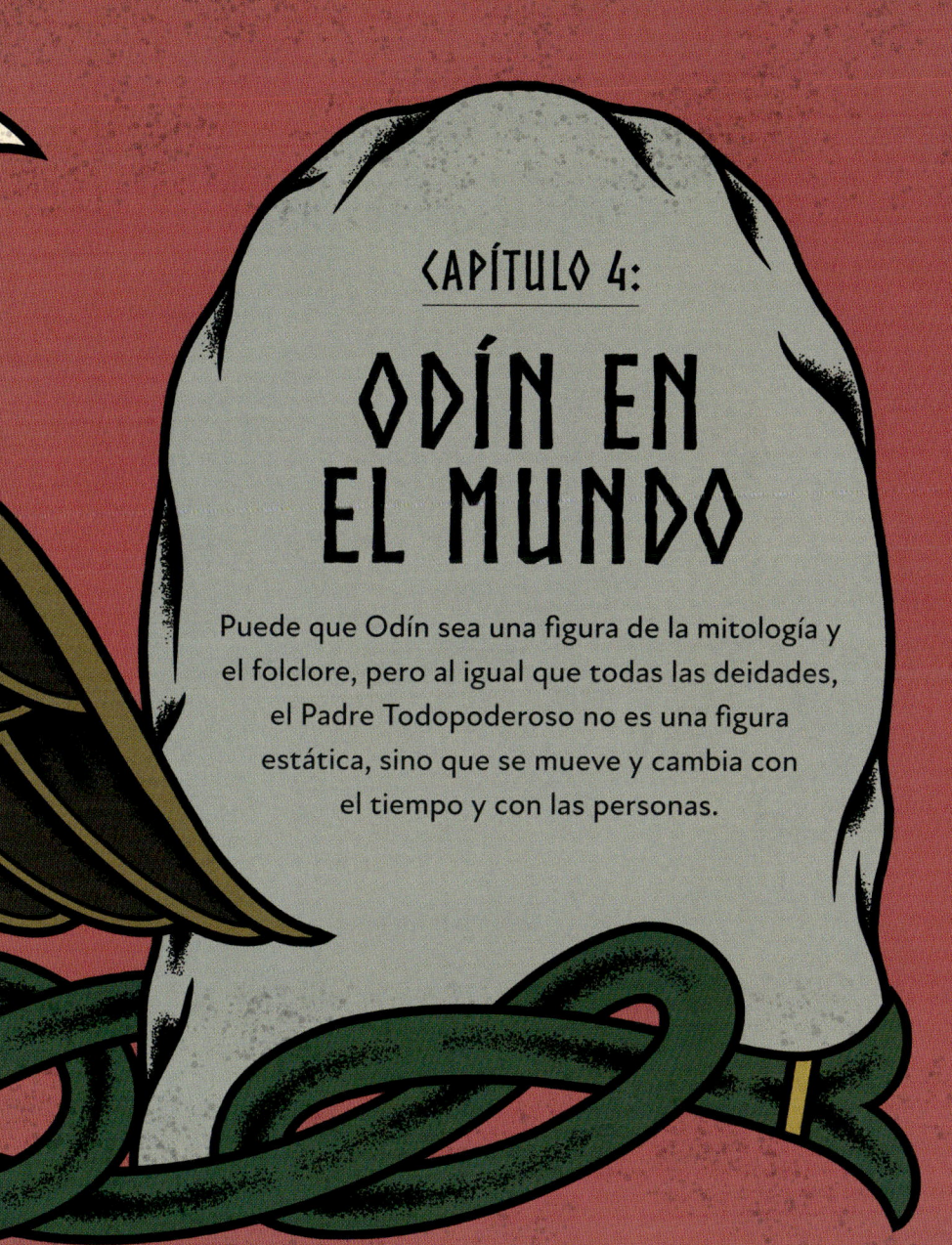

CAPÍTULO 4:

ODÍN EN EL MUNDO

Puede que Odín sea una figura de la mitología y
el folclore, pero al igual que todas las deidades,
el Padre Todopoderoso no es una figura
estática, sino que se mueve y cambia con
el tiempo y con las personas.

ODÍN ANTES Y DURANTE LA ERA VIKINGA

Los pueblos nórdicos transmitieron su religión mediante la tradición oral, hasta que sus descendientes se iniciaron en la escritura actual durante la conversión al cristianismo.

La conversión al cristianismo de Escandinavia, un proceso que se dio entre los siglos VIII y XII, provocó el declive del paganismo en Europa. A pesar de que numerosas prácticas y costumbres continuaron, así como algunos linajes familiares y tradiciones mistéricas que mantuvieron vivas las prácticas de veneración, el culto activo pasó al cristianismo.

A pesar del cambio de religión, los dioses nórdicos siguieron teniendo una notable relevancia cultural en Escandinavia. Aunque los pueblos nórdicos precristianos no escribieron nada, sus descendientes sí lo hicieron, así que la escritura corrida fue introducida en Escandinavia con el cristianismo. Tan temprano como principios de la década de 1200, si no antes, los eruditos y políticos como Snorri Sturlusson de Islandia, y Saxo Grammaticus de Dinamarca, incluyeron numerosas historias y relatos del saber popular en sus obras.

Snorri, en especial, demostró poseer una notable comprensión de la cultura contenida en estos mitos en su *Edda prosaica*, escrita sobre el año 1220 e. c. A pesar de presentarlos en el contexto del cristianismo, su obra ofrece un atisbo de la cosmovisión precristiana, así como de las historias culturales que la transmiten. Su obra se suele emparejar con la *Edda poética*, puesto que ambos títulos representan las obras existentes más extensas y con mayor presencia de dioses de la antigua religión nórdica.

Merece la pena destacar que la mayor parte de los textos medievales cumplían una función religiosa y política, por lo que no siempre reflejaban las tradiciones orales que seguían vigentes. Por ejemplo, la obra *Gesta Danorum*, de Saxo Grammaticus, fue escrita más o menos en la misma época que la *Edda de Snorri*, pero se centraba en describir la historia pseudomítica de Dinamarca hasta la época. Siempre que aparecen en ella los dioses nórdicos, su función no es la de una deidad, sino la de un recurso literario que instiga o desafía a los reyes heroicos que el libro glorifica.

Incluso la *Edda de Snorri*, que refleja la tradición oral y, por tanto, la parafernalia auténtica de la cultura, fue escrita para gustarle al rey Haakon de Noruega, como forma de convencerle de que se uniera a Islandia. (Cabe señalar que la empresa fue un fracaso estrepitoso y más adelante Snorri fue decapitado en su sótano por orden del rey de Noruega).

Por suerte, la forma en que se representan los dioses nórdicos en la obra escrita medieval no indicó un declive de las tradiciones orales de los países nórdicos. Estas siguieron circulando mucho después de que el cristianismo se convirtiera en la religión normativa, aunque adaptándose según el panorama cristiano.

ODÍN COMO SER SOBRENATURAL

El propio Odín experimentó una interesante metamorfosis durante esta época. En lugar de actuar como deidad, se convirtió en una figura folclórica, sobre todo en su forma de jinete espectral. Aunque muchos de estos ejemplos de Odín provienen de los siglos XIX y XX, ciertos motivos se pueden rastrear hasta el siglo XIII, al folclore adaptado por los cristianos para propósitos eclesiásticos.

No todas las representaciones de la figura de Odín son uniformes: en el folclore de algunas regiones se dice que se desplaza volando por los aires, y en otras que cabalga por la tierra. Algunos relatos afirman que viaja a lomos de su caballo, y otros en una carroza. Pero sí hay cosas que encajan con su naturaleza: la asociación con la caza, los caballos, los perros de caza y la muerte.

En general, ya no se le consideraba un «dios del pueblo», sino un ser sobrenatu-ral extraño e inquietante. Su papel en el medio cultural se convirtió en algo similar al «diablo popular» estadounidense: era un concesionario, un agente de la muerte a quien la gente vendía su alma a cambio de riquezas terrenales.

Un cierto sabor mitológico surgió de la leyenda de Odín como jinete espectral. La mejor faceta, tal vez la más conocida, es su representación como líder de la Cacería Salvaje, la hueste sobrenatural que cabalga durante las noches invernales en busca de almas. La mitología que rodea a la Cacería Salvaje varía mucho, ya que es un motivo que se encuentra en toda Europa, pero en su versión escandinava se la llama *Odens jakt* («la cabalgata de Odín») u *Oskoreia* («la cabalgata de Asgard»). Se dice que la presencia de Odín es anunciada por el silencio de la noche, salvo por los ladridos de sus sabuesos —uno alto y uno bajo— y tal vez por el ocasional sonido de un disparo.

Otro motivo asociado con Odín como jinete espectral data del siglo XIII e implica a un jinete, un transeúnte y una mujer desnuda. A medianoche, la mujer se topa con el transeúnte y le pide que no diga a nadie que la ha visto. Cuando ella se va, el jinete sale de la oscuridad.

—¿Ha pasado por aquí una mujer? —le pregunta al transeúnte.

En lugar de guardar el secreto, el transeúnte le indica al jinete por dónde se fue la mujer, a lo que este responde:

—Suerte que me lo has dicho, si no, la muerte habría recaído sobre tu cabeza.

Aunque esta era una historia para inculcar la moralidad cristiana, también pone de manifiesto un saber popular sobre la naturaleza caprichosa de Odín como agente de la muerte. Otro motivo folclórico tiene que ver con un misterioso jinete y su pago a un herrero por ponerle nuevas herraduras a su caballo. Existen algunas variantes de esta leyenda, pero la de Småland, contada por el folclorista Ebbe Shön, dice más o menos así:

Había una vez un herrero muy pobre. Una noche, llegó un jinete montado sobre un gigantesco caballo negro, portando una lanza en la mano. Le preguntó al herrero si podía cambiarle las herraduras a su caballo. El hombre contestó que sí, pero que sus herraduras no eran tan grandes.

—Encajarán —replicó el caballero.

El herrero se puso a trabajar y se sorprendió al ver que sus herraduras se hacían más grandes, hasta alcanzar el tamaño que necesitaba. Una vez finalizado el trabajo, el jinete le dio las gracias y le entregó las viejas herraduras como pago. El herrero pensó que salía perdiendo, pero las aceptó sin queja alguna. A la mañana siguiente, quiso enseñarles a sus hijos las enormes herraduras que le habían dado, pero cuando los condujo a la fragua descubrió, asombrado, dos herraduras de plata pura. Con este tesoro, el herrero pudo adquirir una nueva granja y vivir como un hombre rico.

EL ODÍN POSCRISTIANO

Las apariciones de Odín en el folclore poscristiano dieron lugar a otras asociaciones además de la muerte y la caza. Como demuestra la anterior leyenda, también se le asociaba con la riqueza y el cambio de fortuna de aquellos que le ayudaban en sus empresas. Su rol como figura afortunada estaba asimismo vinculado con la cebada, el trigo y la cosecha.

Podemos verlo tanto en la obra escrita como en el folclore. La balada del siglo XIV Lokka Thattur, en la que Odín ayuda a proteger al hijo de un granjero de un gigante enfurecido, cuenta que Odín transforma al chico en un grano de cebada y lo esconde en un campo de cultivo.

En Suecia, especialmente, existe una antigua superstición relativa a la cosecha de dejar algunos granos en el campo y no recogerlos todos, para que «el caballo de Odín pueda alimentarse»; esto garantiza buena suerte con la cosecha del año próximo.

Pero las cosas han cambiado para Odín con la llegada del siglo XXI. Con el auge del neopaganismo, tanto en Europa como en Norteamérica, Odín ha ido recuperando de forma gradual su papel de Padre de Todos o Todopoderoso, en especial con su introducción en Estados Unidos.

ODÍN EN ÉPOCAS MODERNAS

El viaje de Odín a Norteamérica se inició a finales de la década de 1800, con la emigración masiva a Estados Unidos. Entre los que llegaron a América, se encontraba una diáspora de los países nórdicos que trajeron consigo sus historias y su cultura.

Los inmigrantes escandinavos se establecieron en su mayoría en territorios parecidos a los que ocupaban en el norte de Europa. Ejemplo de ello son Minnesota, que recuerda a la región de Skåne, en el sur de Suecia, y las Montañas Rocosas, por razones evidentes. (Merece la pena mencionar que existe una diáspora escandinava en Kansas que todavía conserva gran parte de los elementos culturales básicos de los países nórdicos).

Los inmigrantes escandinavos, como es natural, trajeron consigo su cultura y su folclore, además de sus prácticas y costumbres. Recuerdo el día en que mi abuela, que es sueco-americana, anunció a todos sus parientes que por fin un gnomo se había instalado en su casa. Como niño, eso me cautivó, pero no fue hasta que fui mayor que entendí que se había referido al personaje escandinavo del *nisse* o *tomte* (un ser parecido a un gnomo). Aunque no todos los hogares tienen un *nisse*, es posible animar a uno para que lo haga. Cuando se instalan en una casa, su presencia beneficia a la familia y les trae buena suerte y fortuna, pero solo si lo tratan bien.

Aunque el culto a los dioses nórdicos no llegaría hasta finales de la década de 1960, el folclore que rodea a Odín impregnó la cultura estadounidense de muchas maneras, en particular bajo la forma de la Navidad americana.

ODÍN COMO PAPÁ NOEL

La decoración del abeto, los colores de la Navidad, los suéters, los paseos en trineo, el beso bajo la ramita de muérdago: todas estas cosas y muchas otras más las debemos a los inmigrantes escandinavos. Por supuesto, esto no fue en exclusiva, ya que las navidades actuales se componen de una mescolanza de múltiples tradiciones, pero su influencia es importante.

Las similitudes empezaron cuando los inmigrantes escandinavos siguieron celebrando sus costumbres y tradiciones en Estados Unidos como antes habían hecho en sus países. Las representaciones de estas costumbres con el tiempo llegaron a los medios de comunicación y a la publicidad relativa a las fiestas, en especial en forma de tarjetas navideñas.

Estas costumbres se pueden asociar también con la importante figura folclórica de las navidades: Papá Noel o Santa Claus. Decir que proviene de Odín es una exageración. Pero tampoco es correcto afirmar que Odín no influyó sobre la figura de Papá Noel; al fin y al cabo, su aspecto de Jólnir (señor del Yule) se corresponde al periodo festivo de Yule.

La influencia de Odín sobre Papá Noel se manifiesta asimismo en otras facetas. Aunque en la tradición americana Papá Noel vuela por los aires en un trineo tirado por renos, en la europea, la figura de san Nicolás se cree que cabalga sobre un caballo gris, que recuerda a Sleipnir,

la montura de Odín. (De hecho, mis amigos en Suecia me han dicho que antes de san Nicolás, era Odín el del caballo gris).

Odín también se evidencia en la tradición de dejar leche y galletas para Papá Noel la noche que nos visita. Esto alude a las costumbres seguidas por los granjeros escandinavos de Västergötland, que por Navidad dejaban forraje para el caballo de Odín y algo de comida y bebida para el dios, para que estuviera contento. Se creía que esa noche Odín salía de caza, y como era el encargado de la cosecha, era mejor apaciguarle. Además, las ofrendas para Papá Noel se dejan al lado de la chimenea, el lugar tradicional para las ofrendas a los *nisse* en las tradiciones escandinavas.

Existen también algunas frases que les decimos a los niños acerca de Papá Noel que recuerdan la naturaleza omnisciente de Odín: «Papá Noel solo vendrá a visitarte si estás dormido». El hecho de que se le represente como sabio y clarividente recuerda la facultad de Odín de verlo todo y saberlo todo cuando está sentado en el trono de Hlidskialf.

Pero hasta qué punto el propio Odín existía como figura folclórica en Estados Unidos a finales del siglo XIX está por determinar. Aunque los inmigrantes escandinavos llevaron consigo sus percepciones culturales, la religión que practicaban era el cristianismo.

EL CULTO EN EUROPA Y ESTADOS UNIDOS

No fue hasta la década de 1970 en que el culto a los dioses nórdicos llegaría de forma clara a Estados Unidos. Lamentablemente, sus orígenes son oscuros y comienzan sobre la década de 1890 en Europa, con el auge del movimiento Völkisch en Alemania.

El país germano se esforzó durante cientos de años por encontrar una identidad unificada. Como país situado en el centro de Europa, Alemania había sido testigo de muchos cambios en el poder y conflictos políticos, siendo gobernada por ducados beligerantes con fronteras siempre cambiantes. Debido a ello, el sueño de una identidad alemana definida ocupaba las mentes de numerosos artistas y filósofos alemanes.

Entre los que andaban buscando la identidad alemana se encontraban los dos hermanos Grimm: Jacob (1785-1863) y Wilhelm (1786-1859), famosos por recopilar cuentos de hadas alemanes de las tradiciones orales de todo el país. Un hecho quizás menos conocido sobre los hermanos Grimm es que estos relatos formaban parte de un proyecto más amplio: reconstruir el pasado cultural alemán.

Como pioneros en este ámbito, los intentos de reconstrucción por parte de los hermanos se basaban en la dudosa metodología adoptada por sus contemporáneos que trabajaban en el incipiente campo de los estudios europeos. Estos primeros eruditos llegaron a una serie de falsedades, como suponer que las características que compartían las lenguas germánicas y escandinavas equivalían también a características en común entre su cultura e historia, y que podían «rellenar» el hueco en el pasado germánico estudiando el escandinavo.

Esto dio lugar, a finales del siglo XIX y principios del XX, al concepto de los

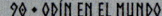

«pueblos germánicos» como descripción de un grupo étnico que abarca tanto a escandinavos como alemanes, lo que con el tiempo alimentó las ideas de la «raza aria» y de la teoría nórdica.

A medida que crecía el interés por esta imagen de un romántico pasado germánico, también lo hacían sus interpretaciones en los medios populares de la época. En este sentido, hay que destacar la importancia de la ópera *El anillo del nibelungo*, compuesta por Wilhelm Richard Wagner (1813-1883). Esta monumental obra fue la primera representación en la cultura popular de los vikingos y sus dioses. Sin embargo, estos dioses eran los parientes germánicos de los nórdicos y usaban nombres germánicos como Wotan y Fricka. Esta ópera nos dio la imagen de los cascos con cuernos vikingos, así como la inconfundible composición musical de «La cabalgata de las valquirias». A pesar de ser una obra de ficción, *El anillo del nibelungo* tiñó la percepción que la gente tenía sobre los vikingos y el pasado germánico de un modo que tendría un significativo impacto histórico; esta obra era, al fin y al cabo, una de las favoritas de Hitler.

Una vez finalizada la Primera Guerra Mundial se firmó el Tratado de Versalles, que dejó un amargo resentimiento entre la población alemana y alimentó sentimientos de antisemitismo, antiglobalización y racismo.

De esta confluencia de cosas nació el movimiento descentralizado Völkisch, marcado por un deseo de «retorno» a un modo de vida agrario en forma de una nación étnica germánica que actuara desde el alma de su pueblo. Los defensores más radicales del movimiento Völkisch rechazaban también la práctica del cristianismo por ser demasiado «semítico» para ser una religión Volk, y se centraron en el paganismo germánico como inspiración.

Entre quienes rechazaron el cristianismo se encontraba el ocultista austríaco Guido von List (1848-1919). Inspirándose en el paganismo germánico precristiano y en la teosofía de Helena Blavatsky, List creó una teología que llamó *wotanismo*, por Wotan, el nombre germánico de Odín. Paralelamente, creó una práctica llamada *armanismo*, que él imaginó como la tradición mistérica esotérica anidada en el wotanismo exotérico, y cuya característica destacada era el uso de las runas *armanas* de su invención. A pesar de estar inspiradas en las escrituras *futhark* nórdicas (*véanse* págs. 108-110), su aspecto y función son diferentes de sus homólogas históricas.

El wotanismo fue algo que List concibió en su imaginación, más que un fenómeno que con el tiempo surgió de la cultura, como suele ser el caso de las tradiciones y las prácticas espirituales. A pesar de ello, los pensadores Völkisch se aferraron al wotanismo como supuesto ejemplo de paganismo germánico precristiano, y siguieron ampliándolo.

Muchas de las ideas y filosofías de List conformaron las ideas fundacionales del Partido Nazi y, gradualmente, la imagen del Tercer Reich. Hitler no sentía un interés especial por el ocultismo, pero sí su Jefe de Policía y principal arquitecto del Holocausto, Heinrich Himmler. El logotipo de las SS de la policía nazi consistía en dos runas *sowilo* de las runas armanas de List. Fue diseñado para ser un símbolo oculto que personificara el espíritu del tiempo ario.

En contra de los deseos de Himmler, el paganismo no se convirtió en la religión oficial de la Alemania nazi, y el Partido Nazi siguió utilizando su propia versión reformada del cristianismo. Sin embargo, ello no impidió que miembros del partido y sus simpatizantes desarrollaran y siguieran el wotanismo. En este punto, hay que destacar a la danesa Elsa Christensen. Ella y su marido fueron objeto de escrutinio durante la ocupación nazi de Dinamarca durante la Segunda Guerra Mundial, lo que les llevó a huir a Inglaterra y posteriormente a Toronto, Canadá, donde se establecieron en 1951.

En Canadá, Christensen se puso en contacto con componentes de la extrema derecha estadounidense, entre ellos un hombre llamado James K. Warner, que en esa época lideraba el Partido Nazi de Nueva York. Warner había intentado anteriormente instaurar el wotanismo como nuevo movimiento religioso en el Partido Nazi americano, pero al no obtener gran respuesta abandonó el proyecto. Warner entregó todo su material a Christensen, y ello la llevó hacia el wotanismo y la creencia de que sería la clave para la supuesta «restauración» de la «raza aria».

Una de las modificaciones introducidas por Christensen en la ideología fue cambiar el nombre de los dioses paganos germánicos por los nórdicos, para evitar la animosidad existente durante la posguerra. Así fue como el wotanismo se convirtió en *odinismo*. Tras la muerte de su esposo, en 1971 Christensen fundó la primera organización odinista de Estados Unidos, la Odinist Fellowship, y procedió a propagar el odinismo entre el sistema carcelario estadounidense hasta su arresto por posesión de drogas en 1993.

A pesar de su representación como un factor espiritual, es más exacto pensar en el odinismo como una ideología sociopolítica envuelta en una narrativa espiritual; Christensen rechazaba cualquier tipo de experiencia espiritual como locura, y en lugar de ello defendía la práctica del odinismo como una búsqueda intelectual.

La diáspora que había llevado a Odín de Europa a Estados Unidos lo hizo como una figura ensangrentada, retorcida y decorada con el oro cegador de un pasado mitológico.

CÓMICS, PELÍCULAS, LIBROS Y JUEGOS

Por suerte para nosotros, la narrativa de Christensen no fue la única que hablaba de Odín y de los dioses nórdicos en la América del siglo XX. Existió otra que, actualmente, podría decirse que es mucho más visible.

Hubo una vez un hombre llamado Stan Lee que escribía cómics. Junto con el ilustrador Jack Kirby y el escritor Larry Leiber desarrolló un nuevo personaje superhéroe llamado Thor, basado en el homónimo dios nórdico. Esta visión no era la de Thor como deidad pagana, sino que él y el resto de los dioses nórdicos fueron reconvertidos en superhéroes semidivinos que existían en la mitología estadounidense. Los primeros cómics de Thor se publicaron en la década de 1960, pero a diferencia de los personajes más populares de Superman y Batman, Thor no llegaría a la gran pantalla hasta mucho más tarde.

En el año 2011, el interés por los dioses nórdicos se desbordó. Esto no solo coincidió con el estreno de la primera película de Thor, sino también con el lanzamiento

del videojuego *Skyrim*. Aunque *Skyrim* describe una sociedad semejante a la vikinga en un mundo de fantasía con magia y dragones, introdujo una nueva estética vikinga, significando para el siglo XXI lo que la imaginaria representación de Wagner había significado para el XX.

Skyrim se inspiró en el antiguo pensamiento nórdico. Los Barbas Grises, sabios que vivían en la cima de la montaña más alta de Skyrim, se basaban en Odín y se los imaginaba como ancianos de largas barbas y túnicas grises. Conocían los secretos del lenguaje del dragón, que podía doblegar al mundo con una sola

orden, lo que recuerda la forma en que los antiguos pueblos nórdicos conceptualizaban la magia como una función del habla y de la palabra, algo con lo que se asocia directamente a Odín.

A partir del éxito de *Skyrim* surgió nuevo material sobre los vikingos. La serie televisiva *Vikingos* se lanzó en 2013 y desarrolló aún más la imagen establecida por *Skyrim*. Todo esto popularizó el género de vikingos en forma de juegos, películas y música *viking metal*. Asimismo, inspiró un creciente interés en Estados Unidos por la mitología nórdica y, por extensión, el paganismo nórdico.

ODÍN COMO VAQUERO

La cultura que trajeron los inmigrantes escandinavos, los vestigios del movimiento Völkisch y los vikingos en los medios populares se han juntado para dar forma al paganismo nórdico de un modo más bien caótico. A pesar de ello, del caos va surgiendo gradualmente una imagen de quién es Odín en un mundo globalizador.

En gran parte, Odín es una mezcla de todo lo que era antes, no solo en la Escandinavia precristiana. Es un viejo mago, el jefe guerrero, pero también el jovial Jólnir, así como el temible jinete sobrenatural; y ahora, en Estados Unidos, también es el vaquero errante.

El nuevo e incipiente folclore norteamericano representa a Odín como el canoso forastero que viste un guardapolvo y un sombrero maltrecho, curtido por los vientos del desierto de Mojave y recorriendo el horizonte a caballo. Otras veces es el hombre con chupa de cuero que se desplaza en moto por sinuosas y serpenteantes carreteras. Muchos paganos nórdicos estadounidenses aso-

cian a Odín con el anciano que aparece en momentos extraños para impartir consejos que pueden cambiarnos la vida, tras lo cual desaparece para siempre. Esto se repite en la figura de los «hombres del sombrero», un término utilizado para denotar a los transeúntes que se asemejan a Odín, en especial por lo que respecta a la edad, al aspecto general y, sobre todo, a la presencia de un sombrero, que puede resultar llamativo en una época en que ya no son tan comunes como fueron antes.

ODÍN EN LA ERA DE LA INFORMÁTICA

Por el hecho de que Odín es un dios que trabaja con las redes de conocimiento, los paganos nórdicos actuales lo asocian con la World Wide Web y el Internet. Al fin y al cabo, ¡una superautopista de información interconectada sería algo que le encantaría! Internet representa todo lo que a Odín le interesa: compartir, encontrar y preservar información. He visto numerosos ejemplos en que se ha utilizado el nombre de Odín para negocios, archivos digitales o proyectos en línea relacionados con la tecnología de la información, las redes y temas similares. El mundo cibernético es otro de los paisajes por los que transita Odín.

ASOCIACIONES DE ODÍN CON LOS VETERANOS DE GUERRA

También se vincula a Odín con los veteranos, puesto que el combate y la guerra siguen siendo sus temas, incluso ahora, en nuestros días. Se le representa como un dios de luchas invisibles, alguien que comprende las marcas que la lucha y el conflicto dejan en una persona, independientemente del tipo de frontera. La asatru (*véase* a continuación) es una religión reconocida en el ejército estadounidense gracias a los esfuerzos de los veteranos practicantes del paganismo nórdico.

RELIGIÓN

A pesar de la profunda influencia del odinismo en el paganismo estadounidense, no es este el único componente, ya que su carácter eugenésico y racista no se presta a la popularidad. Como resultado de ello, han surgido múltiples ramas diferentes derivadas del paganismo escandinavo. Una de ellas es la mencionada asatru, del término islandés *ásatrú*. Los antiguos pueblos nórdicos no tenían un nombre para su religión, así que en 1972 se acuñó en Islandia el término *ásatrú* («fiel a los Aesir»), con el establecimiento del primer lugar de culto nórdico pagano desde la época antigua. Más allá del uso de su nombre, la asatru estadounidense no se parece a su homónima islandesa, ya que el término *ásatrú* fue en cierto modo apropiado por el odinismo con el propósito de cambiar de nombre, y además está fuertemente influido por el género de fantasía vikinga que circula por los medios de comunicación estadounidenses. En lugar de ello, muchos paganos americanos emplean el término *heathenry* o «paganismo nórdico» para describir su religión.

CAPÍTULO 5:

EL CULTO A ODÍN

Este apartado ofrece opciones y maneras de rendir culto a Odín. No se requiere nada especial; se trata simplemente de diferentes enfoques que los seguidores de Odín emplean para venerar, rendir culto o trabajar con esta figura.

CÓMO RENDIR CULTO A ODÍN

Esta guía se centra en el desarrollo de una relación de trabajo interpersonal con una deidad sin la intervención de un mediador o doctrina.

Lo primero y más importante que hay que saber para venerar a Odín es el hecho de que, a pesar de que sea el Padre Todopoderoso, no es necesario rendirle culto para ser un pagano nórdico. Lo contrario también es cierto: no es necesario ser un pagano nórdico para venerar a Odín. Los nombres son simplemente una construcción teórica —como el propio Odín sabe— y se deben a nosotros, no al contrario. En última instancia, el carácter de nuestra espiritualidad lo decidimos nosotros.

Tampoco se precisa tener fe (el concepto de creer en algo sin disponer de pruebas). Ofrezco este enfoque porque el politeísmo devocional puede adaptarse a la filosofía de cada persona con respecto a la naturaleza de la divinidad; esto hace que sea apto para todo el mundo, independientemente de su perspectiva actual.

Una vez dicho eso, para entender mejor cómo actúan las deidades nórdicas como Odín, es importante comprender algo del trasfondo en el que se desarrollaron las antiguas religiones nórdicas. Como cosmovisión descentralizada, se dice que el enfoque nórdico antiguo era de naturaleza animista. Dentro del contexto del paganismo nórdico, el animismo se puede definir como el reconocimiento de la naturaleza interconectada de todas las cosas, y la consideración de que todo, material e inmaterial, funciona como un ecosistema. Lo divino y lo mundano no se tratan por separado, ni tampoco como opuestos. Debido a ello, el concepto de «pecado» no es aplicable en este caso: no existe circunstancia alguna que acerque o aleje a una persona de Odín. De modo similar, no existe ningún conjunto de valores o temas morales que uno deba seguir para rendir culto a Odín, aunque algunas personas lo consideran un modelo a seguir.

Los dioses se representan como humanos, pero su humanidad ha alcanzado proporciones épicas. Esto también significa que no son perfectos. Tienen su propia personalidad, opiniones y perspectivas con las que tal vez no estemos de acuerdo. Cuando desee seguir una práctica de culto a Odín, piense en ello como si estableciera una nueva relación interpersonal, que incluye el intervalo de «llegar a conocer a alguien». Pero lo que la relación entre usted y Odín llegue a ser, depende por entero de usted y de Odín.

CONSTRUIR UN ALTAR

Entre los paganos nórdicos de todo el mundo se ha popularizado el acto de construir un altar o lugar sagrado dedicado a una deidad. Un altar es tanto para usted como para la deidad, un espacio común para ambos, y como forma parte de su espacio vital, debería ser algo con lo que se sienta satisfecho.

Algunos paganos distinguen entre un altar y un lugar sagrado. En este caso, un altar es un espacio para cualquier tipo de trabajo mágico o con hechizos, mientras que el espacio sagrado funciona más como un lugar dedicado a una deidad, ancestro, espíritu o múltiples poderes. Otros paganos no hacen esta distinción y utilizan el término «altar» para describir un lugar sagrado o espacio polivalente que sirva para todas estas cosas. En este apartado emplearé la palabra «altar» en el sentido polivalente.

Los altares actúan como un espacio donde se realizan ofrendas a los poderes y por ello se decoran de forma que los evoquen. Pueden albergar también las herramientas que las personas utilizan en su práctica. Los altares pueden ser grandes o pequeños, sencillos o complejos. Pueden situarse en cualquier parte: el alféizar de una ventana, el estante de una librería, una caja de zapatos, sobre una mesa, en una repisa flotante, o incluso en un espacio virtual. He sabido de personas que construyen altares para sus deidades en servidores de Minecraft, o que crean páginas web que sirven como espacios sagrados digitales. Otras formas ingeniosas de crear altares son los álbumes de recortes o un marco expositor parecido a un diorama. De este modo, los altares pueden ser abiertos o encubiertos, y adaptados a su espacio y necesidades.

A algunas personas les gusta adoptar un enfoque histórico y construir los altares al aire libre. Los bosquecillos se consideraban espacios sagrados en la Antigüedad, por lo que cualquiera que disponga de un patio trasero o un espacio exterior tiene la opción de construir allí un altar.

La decoración del altar depende del individuo. La mayoría de las personas habilitan un lugar donde depositar las ofrendas. Los altares pueden presentar algún tipo de iconografía de la deidad, en forma de arte bidimensional o una escultura tridimensional. Se pueden añadir detalles decorativos como velas, luces, guirnaldas, paños para el altar o piedras.

Algunos altares son temáticos y presentan el tema vikingo, con pieles de animales y cuernos para beber, mientras que otros tienen un aspecto más contemporáneo. Otros siguen la personalidad de la deidad a la que están dedicados.

Un altar debería hacerle sentir bien, en su función como espacio devocional. Si al acercarse a su altar siente alguna aprensión o una obligación espiritual, intente adaptarlo más a usted, o bien pruebe con un formato diferente.

BLÓT, U OFRENDAS

Blót (pronunciado «bloat») significa «ofrenda» o «bendición», y describe la entrega de un obsequio. El acto de hacer ofrendas a una deidad se denomina «realizar un *blót*».

A veces *blót* se ha traducido errónea-mente como «sangre», en el sentido de realizar un sacrificio de sangre, pero esta es una etimología falsa. De modo similar, la traducción del término como «sacrificio» malinterpreta de algún modo lo que es realmente el *blót*.

Aunque una ofrenda es un sacrificio en el sentido de que es algo que se entrega, el término «sacrificio» sugiere prueba o dificultad; cuanto más difícil es renunciar a algo, más valor tiene como ofrenda. Recuerdo una vez en que alguien dijo haber derramado en la tierra una botella entera de hidromiel del más caro como sacrificio a Odín, bajo la impresión de que este acto difícil demostraba dedicación.

Pero esta idea de «sacrificio» es contraria a muchos de los conceptos culturales es-candinavos sobre la reciprocidad. En rea-lidad, los dioses nórdicos no querrían que realizáramos actos en su nombre que fue-ran perjudiciales para nuestro bienestar.

En lugar de ello, cuando en el paganis-mo nórdico se realiza una ofrenda es con un espíritu de *frith*. Esta palabra se tradu-ce toscamente como «paz», pero en reali-dad describe con más exactitud el estado que se da cuando se disfruta mutuamente del compañerismo. Realizar ofrendas con *frith* es el acto de entregar desde un pun-to de conexión humana, lo que significa que debería ser una experiencia placen-tera para todos los participantes.

CÓMO REALIZAR UNA OFRENDA

Existen unos cuantos pasos generales a seguir para realizar una ofrenda. Estos garantizarán que invoque a la deidad correcta, y no a un impostor, y que lo ofrendado sea apreciado.

Existen muchas formas de hacer una ofrenda a Odín. Algunas personas lo hacen de manera formal y otras más distendida. Algunas personas realizan ofrendas de forma rutinaria, y otras cuando sienten la necesidad. En realidad, todo se reduce a lo que usted prefiera.

Dicho esto, suele ser una cortesía realizar una ofrenda cuando se le pide un favor a Odín, y de nuevo cuando el favor ha sido otorgado. También es de buena educación ofrecerle algo cuando se presenta por primera vez ante él. Las ofrendas según la estación del año son igualmente populares, en particular cuando hay abundantes alimentos para compartir o cuando se celebra una fiesta con la que Odín tiene un fuerte vínculo.

Estos son cuatro pasos para realizar una ofrenda a Odín.

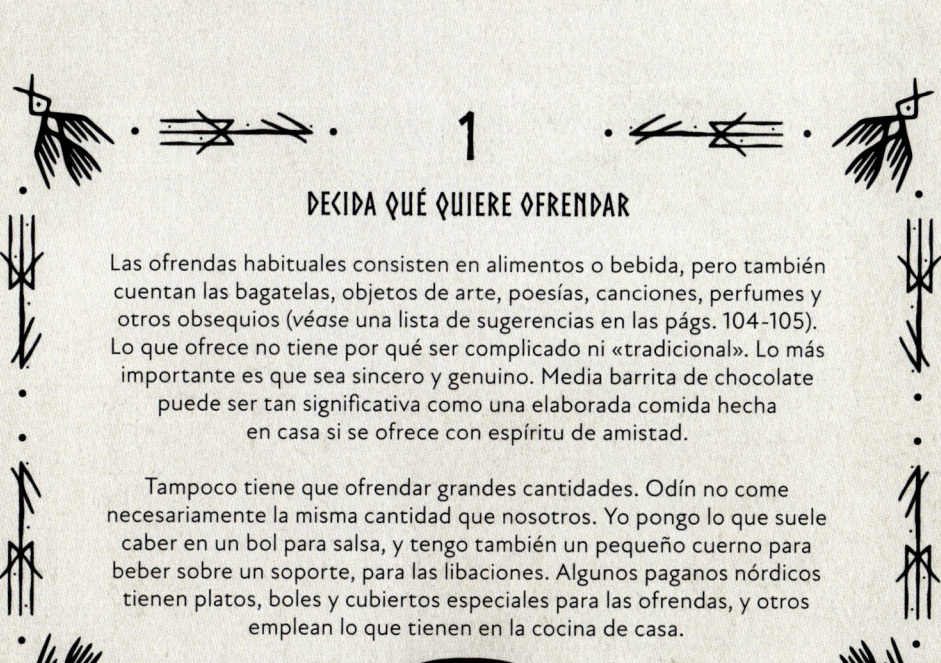

1

DECIDA QUÉ QUIERE OFRENDAR

Las ofrendas habituales consisten en alimentos o bebida, pero también cuentan las bagatelas, objetos de arte, poesías, canciones, perfumes y otros obsequios (*véase* una lista de sugerencias en las págs. 104-105). Lo que ofrece no tiene por qué ser complicado ni «tradicional». Lo más importante es que sea sincero y genuino. Media barrita de chocolate puede ser tan significativa como una elaborada comida hecha en casa si se ofrece con espíritu de amistad.

Tampoco tiene que ofrendar grandes cantidades. Odín no come necesariamente la misma cantidad que nosotros. Yo pongo lo que suele caber en un bol para salsa, y tengo también un pequeño cuerno para beber sobre un soporte, para las libaciones. Algunos paganos nórdicos tienen platos, boles y cubiertos especiales para las ofrendas, y otros emplean lo que tienen en la cocina de casa.

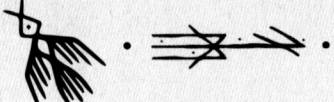
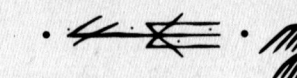

2

PURIFIQUE, BENDIGA Y CONCENTRE SUS OFRENDAS MATERIALES

Esto es algo que hará que la ofrenda resulte más deseable.
No solo querrá asegurarse de que lo que ofrezca esté limpio,
sino también purificado.

Piense en la purificación como la preparación de la energía del
material, del mismo modo que la limpieza prepara la parte física del
material. Purificar puede ser tan simple como pasar los platos que usará
por agua y jabón, al tiempo que les transmite las energías de purificación.
Para ello, pondrá la sensación de «limpio y purificado» en sus manos
y en el acto de lavar los platos. Esto es lo que algunos
llaman añadir una intención en la acción.

Para cualquier utensilio que no pueda dejarse un tiempo en agua y jabón,
por cualquier motivo, el método habitual de preparación funciona igual de
bien. Por ejemplo, la plata se puede purificar durante el proceso de pulido,
el hierro fundido durante el de curado y las cuchillas de acero durante el
proceso de aceitado. En todo caso, simplemente tomar un paño suave
para «limpiar» cualquier energía residual también sirve.

Durante la purificación puede también bendecir y consagrar el material.
Una bendición es como imbuirlo de cosas buenas, y la consagración es el
acto de darle su función. Por ejemplo, si está preparando un cuerno para
beber como recipiente para ofrendas, diga algo parecido a esto:

«Que este cuerno tenga una larga y cuidada existencia
en su función como recipiente para ofrendas a los dioses».

En las prácticas nórdicas, la palabra se considera un vehículo muy
eficaz para imbuirle intención a algo. Pero el lenguaje es opcional.
Se puede expresar algo con sentimientos y acciones, siempre y cuando se
esté comunicando con el objeto en lugar de simplemente visualizar
su intención en su mente.

También puede bendecir los alimentos y las bebidas si así lo desea.

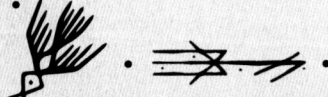

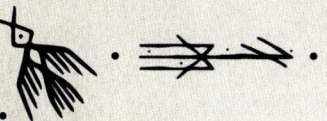 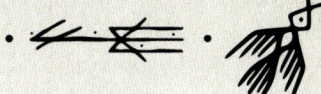

3

INVOCAR A ODÍN

Una vez haya preparado la ofrenda, es el momento de invocar
a Odín. Puede ser tan simple como acercarse al altar y decir
unas palabras. A mí me gusta encender unas velas para atraer
la atención hacia el altar y marcar el tono del espacio.

Si invoca a Odín por primera vez, es importante pensar en el motivo
por el que lo hace. Algunas personas lo hacen solo por amistad o para
obtener conocimiento y consejos. Algunos buscan una conexión
con el pasado, y otros, una figura paterna.

No hay nada que podamos plantear a los dioses que no hayan
tratado antes. Aunque no sepa qué está buscando, sea sincero.
A Odín no le importa que las personas vayan errantes,
incluso les puede dar algunas orientaciones.

Lo que diga cuando realiza la ofrenda, y el modo en que lo diga,
dependerá de usted, aunque se aconseja ser sincero, cortés y educado.
Deje bien claro que está invocando a Odín, a nadie más.

4

ENTREGAR LA OFRENDA

Existen numerosas formas de hacer llegar la ofrenda a la deidad.
Si se trata de comida o bebida, deje la ofrenda un tiempo en el altar antes
de retirarla o consumirla (quizás en nombre de Odín). Si se encuentra al
aire libre, puede entregar la ofrenda a la tierra o arrojarla a una hoguera.
Se aconseja no dejar ofrendas de comida en el exterior hasta que no se
estropeen o atraigan a ciertos animales. Si tiene dificultades para limpiar
y purificar ofrendas de alimentos, por una razón u otra, piense en hacer
ofrendas de artículos no perecederos. Si hiciera falta, el agua es siempre
una ofrenda que es bien recibida en cualquier situación.

Las ofrendas de objetos, como algo artístico, se pueden
presentar o dejar en el altar. Si ofrece una canción, asegúrese
de invocar a la deidad antes de interpretarla.

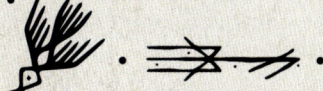 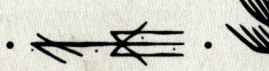

LAS OFRENDAS FAVORITAS DE ODÍN

Al igual que a los humanos, a las deidades les gusta recibir regalos.
Y, como los humanos, sienten preferencia por algunos de ellos.

COMIDA

Al igual que muchos otros dioses, Odín no es exigente con las ofrendas de comida. Pero uno de los poemas de la *Edda poética*, Grímnismál, nos da una idea de qué tipo de alimentos le gustan a Odín:

«El cocinero cubierto de hollín cocina sobre el fuego el jabalí cubierto de hollín en la olla cubierta de hollín. No existe otro alimento tan divino, pero pocos hombres conocen la naturaleza del festín de los guerreros».

Esto habla de una experiencia que todos hemos tenido en algún momento: tras un largo día de caminar o trabajar en plena naturaleza, nos sentamos alrededor de una hoguera, comiendo perritos calientes y alubias en platos de papel, y en ese momento sentimos que es la comida más deliciosa de toda nuestra vida.

Este tipo de comidas son las que toma Odín. Tanto si son raviolis de una lata, una cuajada en un estadio deportivo o un magnífico banquete, a Odín le encanta esta sensación de estómago repleto y satisfecho.

Carne y pan

Los alimentos que llenan bien el estómago son muy buenas ofrendas, por ejemplo la carne, que es algo tradicional. Odín se asocia también con la cebada, así que el pan de cebada puede ser una buena ofrenda.

Tentempiés

Los buenos tentempiés para los trotamundos también son buenas ofrendas, como semillas de girasol o cualquier mezcla de frutos secos.

Manzanas

Las manzanas son una opción excelente porque aluden a las manzanas de la juventud que comen los dioses nórdicos; son también una buena ofrenda para Sleipnir, el caballo de Odín.

BEBIDA

La bebida preferida de Odín suele ser alcohólica, en especial hidromiel y cerveza.

El hidromiel se asocia con el Hidromiel de la Poesía que se dice que Odín entregó

a la humanidad (*véase* pág. 50). Muchos paganos nórdicos que conozco han empezado a preparar hidromiel casero para el Padre Todopoderoso; es fácil de elaborar y de darle un sabor único.

Por extensión, la asociación de Odín con la cebada pasa a la cerveza, que es una buena opción. Sin embargo, en los últimos tiempos las personas se han fijado en que al viejo le gusta el whisky, así otras bebidas alcohólicas.

A Odín también le gustan las bebidas alcohólicas que tengan una historia detrás, así que cualquier bebida artesanal, hasta experimentos mezclando bebidas, o alcohol casero, pueden ser una excelente ofrenda para el Padre de Todos, aunque solo sea por la novedad.

Por supuesto, el alcohol tiene un efecto sobre la persona y no todo el mundo puede tomarlo. Por suerte, Odín también tiene sus favoritos entre la bebidas no alcohólicas: el café es una de ellas, así como cerveza de raíz, ginger ale o una serie de refrescos artesanales. Una taza de chocolate caliente en un día frío será bien recibido. Y en caso de apuro, nadie puede decirle que no al agua.

ARTE Y ACTIVIDADES

Por ser Odín el dios asociado con el *óðr* —frenesí y poesía—, muchos paganos nórdicos le dedican canciones, poemas, música y otros tipos de arte escénico. Los objetos artesanos en general también son buenas ofrendas.

Algunos paganos nórdicos dedican sus actividades académicas o intelectuales a Odín. Dedicarse a lo que nos despierta curiosidad cae dentro del ámbito del Padre Todopoderoso, así que sea lo que sea que esté explorando o descubriendo sería una buena ofrenda para el anciano.

LA MAGIA Y LA ADIVINACIÓN RÚNICAS

Por el hecho de que las runas —y por ello la escritura— fueron un regalo de Odín a la humanidad, se pueden utilizar para conectar con él. Este es un método popular de comunicación y adivinación en la práctica actual del paganismo nórdico.

Las runas son letras que se utilizaban en los países nórdicos antes de la introducción del alfabeto latino. Se empleaban para escribir en varias lenguas escandinavas. Las variantes específicas escandinavas se llaman *futhark*, nombre derivado de las seis primeras letras de su alfabeto (F, U, Þ, A, R, K). Los tres alfabetos más conocidos son el *futhark* antiguo (150-800 e. c.), el *futhorc* anglo-sajón (400-1100 e. c.), y el futhark joven (800-1100 e. c.).

Las runas tienen una gran importancia espiritual en el paganismo nórdico, por la leyenda de que Odín aprendió los secretos rúnicos después de colgarse del árbol cósmico Yggdrasil y empalarse con una lanza, durante nueve días con sus noches, un sacrificio de sí mismo a sí mismo (*véase* pág. 56). En lugar de guardarse el conocimiento para sí, decidió compartirlo con la humanidad.

Históricamente, las runas se usaban tanto para propósitos prácticos como mágicos. Los pueblos nórdicos no empleaban la escritura para textos largos, por ejemplo libros, sino para mensajes conmemorativos sobre objetos como herramientas y piedras rúnicas. También se escribían sobre objetos para imbuirlos de magia. Pero el modo en que preparaban estos amuletos sigue siendo un misterio. No se ha encontrado ningún manual sobre cómo hacerlos, ni podemos decir cómo los elaboraron solo observándolos.

Tras la cristianización de Escandinavia, las runas se siguieron utilizando hasta el siglo xx en los calendarios rúnicos. Estos calendarios asocian caracteres *futhark* con números, señalando los días especiales del año como solsticios, equinoccios y días festivos.

ADIVINACIÓN RÚNICA

Desde entonces, las runas se han recuperado en la práctica moderna con nuevos desarrollos. El concepto de utilizar las runas para predecir el futuro surgió en 1982 con el libro de Ralph Blum *The Book of Runes: A Handbook for the Use of an Ancient Oracle (El libro de las runas)*. A pesar de que el título original contiene el término «antiguo oráculo», la práctica adivinatoria fue invención del propio Blum.

Pero lo que sí es cierto es el hecho de que los significados de las runas corresponden básicamente a los significados que les dan los antiguos poemas rúnicos, con manuscritos que datan de fechas tan tempranas como los siglos VIII y IX. Se cree que estos poemas eran originalmente mecanismos mnemónicos para ayudar a la persona a recordar el orden de las letras *futhark* (como lo de «a» de abeja, «b» de balón).

Aunque la adivinación rúnica es un componente común de la moderna práctica pagana nórdica, no existe ningún registro de su utilización para fines adivinatorios en la antigua civilización nórdica. Esta se realizaba echando suertes, método descrito en *Germania* de Tácito, *Ynglinga Saga* de Snorri Sturluson y en la obra del siglo IX *Vita Ansgarii*. No obstante, a muchas personas les atrae la actual adivinación rúnica porque las piedras son fáciles de utilizar y de aprender.

CONECTAR CON ODÍN MEDIANTE LA ADIVINACIÓN RÚNICA

Algunas personas lo hacen más como práctica contemplativa, pero otras emplean las runas como oráculo para interactuar directamente con Odín. De cualquier modo, la adivinación rúnica se puede emplear para obtener información aprovechando el regalo que Odín le hizo a la humanidad.

Los juegos de runas nórdicos están compuestos por losetas grabadas con una runa cada una. Utilizan la escritura del *futhark* antiguo o joven y pueden ser de distintos materiales: madera, piedra, plástico, incluso alubias secas. Puede comprar el juego, confeccionar uno usted mismo o utilizar un juego digital si lo prefiere. Incluso puede dibujar runas en trocitos de papel y sacarlas de un sombrero.

Existen diferentes formas de interpretar las runas, y el método a usar es el que usted prefiera. Al seleccionar las runas, puede:

- Extraerlas al azar de la bolsa o caja.
- Disponerlas boca abajo frente a usted y pasar la mano por encima hasta sentir cuál o cuáles desea seleccionar.
- Lanzarlas al azar e interpretar el modo en que caen.

Existen también numerosos formatos para la interpretación:

Extraer una única runa

Este es el proceso de formular una pregunta y extraer una runa. Hay una versión modificada en forma de sacar una runa al día, en cuyo caso no hace falta preguntar nada: simplemente extraiga una runa para ver qué le depara el día o en qué principio pensar mientras pasa la jornada.

Tirada de tres runas

La tirada de tres runas consiste en poner tres piezas en fila una al lado de la otra. La posición puede representar «pasado, presente y futuro» o «situación, acción, resultado».

Tiradas complejas

Estas son similares a las tiradas del tarot, en que cada una está concebida para representar un ámbito concreto de la vida, como el amor, la economía o la trayectoria espiritual de la persona. Con este tipo de tirada se obtiene mucha más información sobre ese ámbito que extrayendo una sola runa.

LAS RUNAS DEL *FUTHARK* ANTIGUO

Utilice esta guía de referencia sobre las runas y sus significados para la adivinación rúnica y para crear runas enlazadas (*véase* pág. 111).

F, FEHU («GANADO», RIQUEZA)

Durante la Edad del Hierro, las vacas eran señal de riqueza. Por ello esta runa se asocia con la riqueza, la abundancia y la prosperidad. Pertenece a la prosperidad manifestada, a diferencia del «valor neto».

U, URUZ («URO», TORO SALVAJE)

El uro es una especie extinta de ganado conocida por su complexión atlética. Esta runa representa la fuerza que impulsa, el inicio, pero también indica una potencial imprudencia y la necesidad de aminorar.

Þ, THURISAZ («*THURS*» O «ESPINA»)

Los thurs son un tipo de gigantes asociados con las fuerzas de la naturaleza que son fundamentalmente incompatibles con la vida humana, como terremotos o erupciones volcánicas. Es una runa de luchas y dificultades y se suele emplear para hechizos. Pero también se asocia con el dios Thor y su martillo Mjölnir.

A, ANSUZ («AS», DIOS)

La runa de Odín. Esta runa corresponde a asuntos de habla y comunicación, conocimiento, sabiduría y magia. Puede aludir también al propio dios Odín.

R, RAIDO («CABALGAR», UN CARRO)

Raido trata del concepto de «una escapada». Se refiere al viaje, a los desplazamientos o cambios de escenario.

K, KENAZ («ANTORCHA» O «ÚLCERA»)

Kenaz suele referirse al fuego de la creatividad e indica ideas, inspiración y destreza. Dependiendo de la lectura puede indicar también enfermedad y bloqueos mentales.

G, GIBU («DON, REGALO»)

La runa de la reciprocidad, Gibu habla de consolidar el bienestar y el dar y recibir regalos. Trata sobre intercambios recíprocos, más que de transacciones. Asimismo puede indicar relaciones fructíferas.

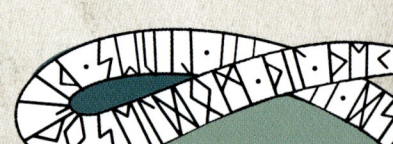

W, WUNJO (ALEGRÍA)

Wunjo representa la alegría en todas sus formas, desde el contento y la satisfacción hasta la euforia y la gran emoción. Esta runa se define sobre todo por la ausencia de sufrimiento, lo que permite que surja el estado de disfrute.

H, HAGALAZ («GRANIZO»)

El granizo puede surgir de la nada. Esta runa indica que hay fuerzas en juego más allá de nuestro control. Hagalaz puede indicar también un ajuste de cuentas o una situación turbulenta.

N, NAUTHIZ (NECESIDAD)

Esta runa se refiere a las necesidades no satisfechas. Puede ser una llamada a atenderlas o indicar una situación de supervivencia. Asimismo apunta a que falta algo que es necesario.

I, ISA (HIELO)

Isa es un estado de inactividad y se define por una falta de movimiento. Puede indicar heladas, estancamientos o retrasos, pero también la necesidad de tomarse un descanso o la presencia de un periodo de enfriamiento en cuanto a relaciones o actividades.

J/Y, JERA (AÑO, BUENA COSECHA)

Jera indica que se están recogiendo los frutos del trabajo. Asimiso indica éxito en lo que se emprende.

EI, EIHWA («TEJO», TEJO, EL ÁRBOL)

El tejo es el árbol con el que los antiguos pueblos nórdicos fabricaban sus ballestas. Es una runa de fuerz, fiabilidad y protección, pero también de determinación y perseverancia.

P, PERTHO (DESCONOCIDO)

Se desconoce el significado de esta runa, pero los poemas rúnicos históricos la vinculan con las apuestas amistosas y los juegos de azar. Se asocia también a Pertho con los misterios y lo oculto. Puede indicar un golpe de suerte o buena compañía.

Z, ALGIZ («JUNCIA», PROTECCIÓN)

Algiz es la runa de la protección. Puede referirse a una barrera, como esta planta herbácea, o una fortificación. La forma de la runa recuerda la forma de una viga de soporte, dándole el significado de refugio. Puede indicar también una situación de apoyo. Es una poderosa runa protectora.

S, SOWILO («SOL»)

El Sol es un símbolo de todo lo maravilloso y reluciente del mundo. Simboliza el éxito, la consecución y los resultados positivos. También puede indicar circunstancias favorables.

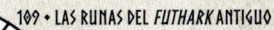

E, EHWAZ (CABALLO)

Mientras que Raido indica movimiento en el sentido de viaje o desplazamiento, Ehwaz apunta al movimiento en el sentido de avance, cambio o modificación de circunstancias. Es la runa del transporte. También puede indicar trabajo en equipo.

NG, INGWAZ (EL DIOS ING, FREY)

Ing, o Frey, hermano de Freya, se asocia con los principios de la fertilidad, el crecimiento, la calidez, la vitalidad, la prosperidad y el cuidado humano. Como tal, la runa denota cualquiera de estas cualidades. Asimismo puede indicar un sentido de soberanía.

T, TIWAZ (TYR)

La runa del dios Tyr, que se cree que fue el jefe de los Aesir antes de Odín, y es conocido en la mitología por perder su mano al lobo Fenrir. La runa Tyr indica liderazgo, autoridad, justicia y éxito en asuntos competitivos.

M, MANNAZ (HOMBRE)

Esta runa simboliza a la humanidad. Puede referirse a uno mismo, a otra persona o a la humanidad en conjunto. Es símbolo de poder y protección, además de las relaciones interpersonales.

D, DAGAZ (DÍA)

El amanecer es una alegoría de cuando algo «despierta» en nosotros. Es el punto de transición entre lo desconocido oscuro y la claridad luminosa. Puede indicar un darse cuenta, una nueva comprensión de algo, secretos revelados o iluminación sobre asuntos que antes eran confusos.

B, BERKANAN (ABEDUL)

El abedul es un árbol asociado con los ritos de fertilidad de la primavera. Como tal, se vincula al crecimiento, el rejuvenecimiento, nuevos inicios, la creación o nacimiento de algo y un potencial prometedor.

L, LAGUZ (AGUA)

Laguz es la runa del agua y de todo lo que esta significa: fluidez, líquido, misterios, sanación, refrescar y profundidades. Pertenece también a los misterios, secretos, sueños, visiones, asuntos mentales y sanación.

O, OTHALA (PATRIMONIO)

Othala es la runa que indica el hogar y las posesiones, las cosas materiales que nos dan seguridad y con las que estamos familiarizados. Es una runa referente al hogar o patrimonio, posesiones o herencias.

CONSAGRAR CON SANGRE

Algunos paganos nórdicos se preguntan si necesitan consagrar sus runas con sangre. Yo no lo recomiendo por el hecho de que la sangre actúa como poderoso compromiso para acuerdos contractuales, más que como medio de consagración. Hablando en general, no necesitamos ligarnos a nuestras herramientas de esta manera.

RUNAS ENLAZADAS

Las runas enlazadas son ligaduras compuestas de dos o más runas. Su uso histórico es principalmente ornamental, similar a como hoy día hacemos para que ciertas letras queden más bonitas unas al lado de las otras.

Sin embargo, en el paganismo nórdico moderno, «runas enlazadas» se refiere a un sistema de crear símbolos mágicos o sigilos. Crear una runa enlazada implica formar un monograma con runas de significados que complementen el uso que se quiere hacer de la misma. Esta forma de magia es relativamente nueva y es muy similar al método que Austin Osman Spare desarrolló para la magia del caos, que consiste en tomar letras específicas de un hechizo escrito y construir una forma uniforme —o sigilo— con ellas.

Las runas enlazadas modernas se parecen visualmente a la antigua práctica del *Galdrastafir*, símbolos mágicos islandeses. Sin embargo, el proceso de creación de los *galdrastafir* es muy diferente al de las runas enlazadas. Por su solapamiento con el misticismo judeocristiano, para aprender la práctica del *galdrastafir* es precisa una iniciación por alguien del mismo linaje.

El ejemplo más claro de una runa enlazada lo encontramos en nuestros dispositivos digitales, en el símbolo de Bluetooth. La tecnología recibe su

UNA RUNA ENLAZADA MODERNA

El logotipo de Bluetooth es una runa enlazada que une las runas del *futhark* joven (Hagall) (ᚼ) y (Bjarkan) (ᛒ).

nombre por el rey Harald «Bluetooth» Gormsson (un apodo que le dieron por su diente podrido que parecía de color azul). Él fue quien reunificó a las tribus danesas y el símbolo se compone de dos runas del *futhark* joven que corresponden a las iniciales de Harald Bluetooth. Como tecnología, Bluetooth unificó los dispositivos digitales de la misma forma que Harold Bluetooth reunificó Dinamarca.

Cómo hacer una runa enlazada

Puede hacerlo seleccionando runas cuyos significados se correspondan con su intención, y configurándolas en un monograma. Es importante elegir las que apoyen la función que intenta conseguir.

Por ejemplo, yo tengo una runa enlazada que uso para «que el wifi no se estropee», pero su función primaria es asegurar que no pierda la conexión de forma inesperada cuando estoy haciendo una llamada. Se compone de tres runas: Ansuz (ᚨ) para la comunicación, Algiz (ᛉ) como fortificación, y Eihwaz (ᛇ) para la estabilidad. La pego en mis aparatos para tener una conexión fuerte y consistente, ¡y parece que funciona! Lo bueno de las runas enlazadas es que son una forma de magia de bajo riesgo. En el mejor de los casos funcionan, y en el peor, son decorativas.

LOS DÍAS ESPECIALES DE ODÍN

Aunque no tenemos registros detallados de todos los días festivos nórdicos
— variaban según el tiempo y el lugar—, estos de aquí son algunos de los que se asocian
con Odín en el paganismo nórdico de nuestros días.

MIÉRCOLES

El miércoles recibe su nombre por Odín y se deriva de la palabra del inglés antiguo *wodensdæg*, que significa «día de Woden». Por ello, algunos seguidores lo consideran el día dedicado a Odín.

YULE/JÓL

Odín se ha asociado con el pleno invierno y el solsticio invernal desde hace mucho tiempo, y esto no es una excepción en nuestros días. Muchos paganos nórdicos lo ven como el jinete sobrenatural en esta época. Como la diáspora pagana de Estados Unidos reconoce tanto la Cacería Salvaje de Samhain/Halloween y la Cacería Salvaje del solsticio de invierno, se suele asociar a Odín con esta última.

Sin embargo, los paganos nórdicos ven también a Odín en esta época del año como el sabio y amistoso Jólnir, que trae buenas noticias y alegría durante los meses de invierno.

Para los paganos nórdicos, no se trata de escoger entre uno u otro. El invierno trae consigo tanto la cabalgata espectral de la muerte como las fiestas entrañables. El propio Odín tiene que ver con estas dos cosas y, por tanto, se le ve bajo estos dos aspectos por estas fechas.

COMUNICARSE CON ODÍN

Algunas personas están satisfechas con rendir culto a una deidad sin ningún otro tipo de interacción que no sea la «simple» veneración. Sin embargo, otras necesitan experimentar un mayor grado de socialización con la deidad.

Este apartado trata sobre las bases generales del trabajo con espíritus y deidades, y sobre los diferentes métodos y herramientas que le ayudarán en este recorrido.

ALGUNAS COSAS A TENER EN CUENTA

Es muy fácil quedarse atrapado en el glamur de trabajar con una deidad por su naturaleza «mística» y «sobrenatural». Pero estas relaciones funcionan de un modo muy parecido a las mundanas:

Tendrá que conocer a Odín

He visto como muchos de mis compañeros paganos han sido pillados con la guardia baja porque pensaban que conocer muchas cosas sobre Odín era estar familiarizado con él de forma personal. No importa lo que llegue a saber mediante la investigación, prepárese para aprender más a través de sus interacciones.

La dinámica de las relaciones es importante

Lo que es bueno para las relaciones mundanas entre personas lo es también para las espirituales, y lo que es malo para las relaciones mundanas entre personas es igualmente negativo para las espirituales.

La incompatibilidad existe

A veces, la personalidad, métodos y travesuras de una deidad no conectan bien con la persona. Reconózcalo y haga los ajustes necesarios, como tomarse un descanso, poner distancia emocional entre los dos, o separarse definitivamente.

El trabajo con una deidad requiere esfuerzo

Además de todo lo demás que se precisa para mantener cualquier relación, el trabajo con una deidad implica investigar, aprender nuevas formas de comunicación, nuevas destrezas, y aceptar que habrá un proceso de prueba y error.

Esta relación es entre usted y la deidad

Nadie debería actuar como «intérprete» entre usted y Odín. Evite depender de alguien que valide sus percepciones, de otro modo le resultará más difícil aprender a validarlas por sí mismo.

Puede decir que «no»

Solo porque Odín quiera o sugiera algo, esto no significa que usted tenga que hacerlo.

Los dioses pueden decir que «no»

Los dioses no son máquinas de otorgar deseos en las que podemos introducir un montón de plegarias hasta que sale un milagro. Odín tendrá sus propias ideas sobre las cosas, y tiene tanto derecho a decir «no» a algo como nosotros.

Las deidades no leen el pensamiento

Las deidades como Odín poseen una mejor comprensión de cómo podríamos pensar y sentir que la mayoría de las personas, pero eso no significa que sean capaces de leernos el pensamiento, ni tampoco consultar un registro de todo lo que hemos pensado en el pasado.

MÉTODOS DE COMUNICACIÓN

La comunicación con Odín se puede dar mediante diferentes modalidades. Cuantos más métodos de comunicación utilice, más métodos de confirmación es probable que experimente. Es mejor emplear muchos métodos distintos que depender de uno solo.

SINCRONICIDADES

Las sincronicidades son una serie de señales y augurios que apuntan a la presencia de una deidad. Pueden manifestarse como sueños o incluso como fenómenos físicos. Se podría pensar en las sincronicidades como «coincidencias que son demasiado convenientes para ser coincidencias», y a menudo se dan en múltiplos. Se caracterizan por tener un aire misterioso y a menudo aparecen cuando menos se las espera.

Es importante retener el concepto de «múltiplos» al pensar en las sincronicidades. Ver a un anciano que se parece a Odín puede no ser una señal en sí misma, pero ver a ese hombre, después a dos cuervos cerca de su casa, ver varios coches con un solo faro estropeado, soñar con un vaquero que le da extraños consejos y, de repente, escuchar canciones folk por todas partes, ¿todo ello en un periodo de una o dos semanas? Sí, podría tratarse del anciano Odín intentando decirle algo.

La probabilidad también desempeña un papel en ello. Si los cuervos son comunes en el lugar donde vive, ver uno tal vez no es una señal de Odín, a veces un cuervo es solo un cuervo. Es lo inusual que resulta una señal lo que hace que lo sea.

Las sincronicidades ayudan porque ofrecen una vía para que una deidad se presente ante usted de forma única. La forma en que nos llegan es tan reveladora como la propia señal, y le ayudarán no solo a saber de qué deidad se trata, sino también a confirmar que son quienes dicen ser.

ADIVINACIÓN

Además de su uso para predecir el futuro, la adivinación se utiliza para facilitar la comunicación con Odín. Después de invocarle, emplee un método de adivinación como las runas, el tarot, una baraja oracular, cartomancia, dados u otros, para poder formular preguntas y recibir respuestas.

Para asegurarse de que ha comunicado con la divinidad que cree haber contactado, realice una tirada de entrevista a una deidad (véase pag. sig.). Esta es también una buena forma de asegurarse de que es auténtico, a diferencia de un espíritu impostor (véase pág. 118). La tirada se concibió para el tarot, pero también es adecuada para otros medios.

Los métodos de adivinación con un mayor grado de azar, como el tarot o las runas, resultan muy útiles para verificar porque en ellos es mucho más difícil que nosotros influyamos sobre el resultado de forma subconsciente. Los métodos que son más fáciles de influir, como los péndulos, no son fiables.

Alguna veces es difícil descubrir en el momento lo que nos está diciendo una tirada; grábala y vuelva a escucharla más tarde, con la mente despejada.

TIRADA DE ENTREVISTA A UNA DEIDAD

1. ¿Quién eres? Esta carta identifica el espíritu, deidad o entidad en cuestión. Corresponde más o menos a como la entidad se ve a sí misma.

2. ¿Por qué se te conoce? Piense en ello como en la historia o trasfondo de la entidad.

3. Nombra una de tus características. Una característica, rasgo o cualidad que posee la entidad.

4. Nombra una de tus habilidades. Una habilidad, talento o ámbito de especialización que posee la entidad.

5. Dime algo con lo que se te asocia. Puede ser un acontecimiento, una imagen simbólica o un concepto que se atribuye a la entidad.

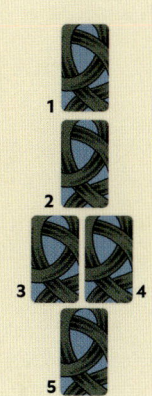

CAPACIDADES PSÍQUICAS

Las capacidades psíquicas son percepciones más o menos equivalentes a las físicas, relacionadas con nuestro sentido de la vista, oído, gusto y tacto. Se cree que estas capacidades miden los estímulos metafísicos antes que los materiales, y que por ello son aptas para interactucar con deidades de un modo parecido a relacionarse con una persona.

Yo creo que esta idea puede llevar a malententidos, porque estas habilidades, como la clarividencia («ver claro») o la clara cognición («pensamiento claro») son más bien abstractas. También se arriesga a dar la impresión de que entrenarlas es como entrenar los sentidos físicos para percibir información metafísica sobre el mundo, algo que en realidad puede tener consecuencias negativas.

La comunicación con deidades y espíritus es —por suerte— un proceso mucho más sencillo: se trata de tomar conciencia de lo que nuestros sentidos internos están captando. Digo «sentidos internos» porque el hecho de darnos cuenta de lo que ocurre psíquicamente es un resultado de dirigir nuestra atención hacia el interior.

Establecer una conexión con Odín a través de nuestras capacidades psíquicas crea un canal directo de percepción y comunicación, a través del cual se puede tener una conversación en tiempo real. Dicho eso, el modo en que nuestra mente experimenta este tipo de cosa es diferente para cada persona. Es importante reconocer cómo las capacidades psíquicas se manifiestan como sensaciones en nuestro interior.

Sin embargo, nuestra capacidad de percibir los sentidos internos puede quedar velada por muchas cosas: nuestras emociones, imaginaciones, síntomas de enfermedades mentales o incluso un sistema nervioso sobrecargado. Debemos discriminar en cada momento y evitar tomarnos las cosas de forma literal. Incluso siendo capaces de identificar nuestras capacidades psíquicas, el discernimiento sigue siendo importante para temas como diferenciar dioses de espíritus impostores.

HERRAMIENTAS PARA SABER DISCERNIR

Existen numerosas herramientas que le ayudarán a discernir.
Si practica con ellas y las va reforzando, adquirirá mayor claridad
y sus percepciones espirituales serán más exactas.

El discernimiento es el acto de diferencias qué es realmente una cosa de lo que creemos que es, así como lo que no es. Cuando huele un envase de leche para comprobar si está pasada, está haciendo uso del discernimiento.

LA CAJA DE ARENA

Aristóteles dijo en una ocasión: «Es señal de una mente educada ser capaz de tener un pensamiento sin aceptarlo». Esta es la función de lo que yo llamo la caja de arena. La caja de arena es un espacio o recipiente mental donde va a parar toda la información, donde puede jugar con ella sin aceptarla necesariamente como parte de su cosmovisión.

Nos permite sopesar nuestras experiencias antes de interpretarlas. Por ejemplo, si vemos un cuervo y creemos que es una señal de Odín, debemos ser capaces de detenernos y preguntarnos: ¿Es esta creencia resultado de la experiencia o un reflejo de mi deseo de recibir una señal?

En definitiva, la caja de arena no es la herramienta que nos revela la respuesta, sino más bien es la ubicación donde podemos «guardar ese pensamiento» hasta tener mayor información.

DESAMBIGUACIÓN

La desambiguación es el acto de distinguir unas cosas de otras, por lo general comparándolas y contrastándolas.

Imagínese que tiene una cesta llena de diferentes tipos de manzanas, y quiere encontrar la Fuji. Sabe que la variedad Fuji tiene la piel roja y amarilla, así que descarta fácilmente las Granny Smith y las Red Delicious. Se queda con las manzanas de aspecto semejante, por lo que sabe que tendrá que emplear un método diferente para distinguirlas; podría pensar en observar si tienen dibujos, o en la textura, o incluso mordisquearlas para un test de sabor. Podemos hacer comparaciones hasta tener una idea clara de lo que tenemos delante.

La desambiguación es algo a lo que puede recurrir en casos en que no esté seguro si la deidad es realmente quien dice ser, o si no está seguro de que lo que está experimentando es una energía o una reacción emocional, o bien si no sabe si el sueño que ha tenido era una ansiedad, deseo o premonición.

DARSE CUENTA

Para poder discernir, primero debemos asegurarnos de que nos damos cuenta de las cosas. Fíjese, por ejemplo, en la posición de su cuerpo mientras lee esta página. Con la suficiente práctica podría incluso ser consciente de sí mismo en momentos de intenso enojo o tristeza: «flotamos» por encima de nuestras emociones y las observamos incluso mientras las experimentamos.

El darse cuenta nos permite examinar las cosas que percibimos, independientemente de los pensamientos o sentimientos que tengamos hacia ellas. Esto es importante para percibir los sentidos internos, porque nos permite interpretarlos de forma exacta, a diferencia de interpretar las cosas de la forma en que queremos que sean.

SESGO DE CONFIRMACIÓN

Esto no es tanto una herramienta para discernir como un fenómeno del que debemos ser conscientes. El sesgo de confirmación se define como «la tendencia de buscar, interpretar, favorecer y recordar información que confirma o sostiene nuestras anteriores creencias o valores». En otras palabras, es el hecho de encontrar pruebas que apoyen nuestras creencias, en lugar de basar nuestras creencias en las pruebas.

Es difícil no tener expectativas de ciertos resultados en el trabajo espiritual o con deidades, pero encontrar la prueba que las sostenga no garantizará su manifestación; solo sostendrá la historia que tenemos en la mente. Cuanto más se esfuerce por evitar el sesgo de confirmación, más auténtica será su relación con Odín.

CAPACIDAD PSÍQUICA O ENFERMEDAD

Algunas personas se preguntan cómo diferenciar entre las capacidades psíquicas y la manifestación de una enfermedad mental preexistente. La respuesta es que realmente depende de los síntomas que experimenta y del modo en que se manifiestan sus habilidades psíquicas. Como regla general, yo siempre recomiento hacer comprobaciones consigo mismo a medida que avanza en su trabajo con deidades. Pregúntese:

- ¿Está interfiriendo este trabajo con mi vida cotiana?
- ¿Me causa angustia, ansieda, confusión o perturbación de algún tipo?
- ¿En estos momentos, me cuesta mucho discernir?

Si su práctica le causa una angustia innecesaria, podría ser aconsejable marcarse unos límites. Aunque el trabajo con deidades es fascinante, su sentido de estabilidad en el mundo tiene preferencia.

TÍTERES DE CALCETÍN MENTALES

Un «títere de calcetín» mental es el resultado de hablar consigo mismo y de interpretar ese diálogo como una entidad. Estas son algunas señales de que podría estar tratando con un títere de calcetín mental:

- Actúa de acuerdo con sus caprichos y expectativas.
- No recibe ninguna información «nueva» o singular al interactuar con el títere.
- El títere de calcetín solo sabe lo mismo que usted.
- No posee una naturaleza autónoma (solo obedece a su voluntad).

- No le da augurios ni señales a menos que usted las busque.

Los títeres de calcetín mentales solo existen cuando los utilizamos, y la forma de dejar de hacerlo es ser consciente de su existencia.

IMPOSTORES

No todas las entidades son lo que parecen, y es posible encontrarse con cosas que pueden disfrazarse de Odín, en especial si son sus primeras tentativas de trabajar con deidades. Por ello es importante asegurarse de que está con la entidad que cree estar antes de comprometerse.

Es posible que espíritus mezquinos se hagan pasar por deidades para beneficio propio. Estos espíritus impostores son más oportunistas que amenazas reales.

Una forma simple de asegurarse de que está con el verdadero Odín es invocar deliberadamente al Padre Todopoderoso cuando desee interactuar con él. Eso, y salvaguardar su espacio (*véase* recuadro a la derecha). Los impostores por lo general no son actores profesionales, y los podemos detectar por una serie de comportamientos reveladores. Algunos de ellos son acciones que levantan sospechas:

- Se niegan a dejarle interactuar con otras entidades o personas, o a investigar más sobre ellas.
- Afirman poder darle todo lo que quiere, aprovechándose de sus inseguridades, deseo y ego.
- Le dan prisa para que preste juramentos o votos.
- No son claros a la hora de decir quiénes son.
- No le reconocen aunque haya tenido interacciones previas.

Debido a que los impostores andan buscando «bajo riesgo, alta recompensa», no les suele gustar que les pillen.

SALVAGUARDAR

Salvaguardar es el acto de crear un conjunto de permisos y concesiones para su espacio. Para empezar, primero purifique su espacio. Puede ser algo tan sencillo como limpiarlo con la intención de mover la energía, o purificarlo con humo o algún otro medio para liberarse de cualquier energía estancada.

Este tipo de protección requiere un mínimo de tres cosas: instrucciones a seguir; una pila para recargar (por ejemplo un cristal cargado al sol); y una forma de estar unido al espacio en que se encuentra usted (como una varita o el dedo). Diga sus instrucciones en voz alta mientras va hilvanando su intención por el lugar con el dedo o varita, empezando por la pila y trabajando como en un circuito hasta volver a ella.

Si lo desea puede anotar primero sus instrucciones en una lista. Asegúrese de guardarla como referencia, para aumentar la protección en ocasiones posteriores si esta se debilitara. Sea claro con lo que este resguardo debería hacer, por ejemplo permitir únicamente la entrada a ciertas entidades, y/o si deberían rechazar a cualquier entidad que no obedezca alguna regla en particular (que también especificará). Asegúrese de que solo usted pueda cambiar las instrucciones y la manera en que se comportan sus salvaguardas.

NOTAS FINALES SOBRE EL PAGANISMO NÓRDICO

Mientras se adentra en su práctica de veneración a Odín, tenga en cuenta estas palabras finales sobre la continua evolución del politeísmo nórdico.

A lo largo de este libro menciono el «paganismo nórdico», y actualmente este parece ser el descriptor más común para referirse a prácticas y creencias neopaganas inspiradas en, o derivadas de, las costumbres populares, prácticas y creencias de las sociedades precristianas de los países nórdicos.

Actualmente, el paganismo está experimentando un gran desarrollo en Estados Unidos. Quizás la pregunta que más me formulan es: «¿Cómo puedo hacerme pagano?». Deseo tomarme un momento para hablar sobre ello, o más bien sobre la suposición de que «hacerse pagano» es cuestión de seguir instrucciones, imitar a la antigua sociedad nórdica o ajustarse a una serie de ideales. No es algo que podamos hacer por nosotros mismos, del mismo modo en que horneamos un pastel —añadiendo todos los ingredientes del paganismo—, sino que más bien es como un jardín, que va creciendo a partir del entorno en el que se encuentra.

Para entenderlo, debemos remontarnos al error que cometieron los hermanos Grimm y los pensadores alemanes subsiguientes de la época. Su intención era descubrir la identidad germánica precristiana y reconstruir el antiguo paganismo germánico. Sin embargo, su intención era distinta a su deseo, y su deseo era tener una identidad alemana precristiana. El anhelo por una identidad alemana unificada no fue lo que causó el desastroso resultado que fue el wotanismo y la Alemania nazi. Más bien la razón se halla en el hecho de que esta identidad era una idea que la gente creyó que daría fruto si simplemente se esforzaban por intentar emularla y encarnarla.

Existen numerosas formas en que podemos considerarnos «paganos». Pero *sentirnos* paganos parecerá difícil si nos quedamos atascados intentando emular la idea que de ello tenemos en la cabeza: eso no funciona en la realidad. En lugar de ello, debemos intentar encontrar el hilo que nos conduzca a los resultados que deseamos.

Independientemente de cuál sea nuestro camino y de cómo decidamos llamarnos, el corazón de la espiritualidad es descubrir aquello que funciona mejor para nosotros probando muchas cosas diferentes.

GLOSARIO

Para este libro he decidido utilizar versiones latinizadas de los nombres del nórdico antiguo. El glosario siguiente ofrece ambas versiones, además de una guía aproximada sobre su pronunciación.

PRONUNCIACIÓN DE LAS LETRAS ISLANDESAS Y DEL ANTIGUO NÓRDICO

A, a	A	**Ó, ó**	O
Á, á	Au	**Ö, ö**	Uh
Æ, æ	Ai	**Ǫ, ǫ**	Uh
Ð, ð	D suave	**Œ, œ**	Uh
É, é	E	**Ú, ú**	U
I, i	I	**Ý, ý**	Í
Í, í	I larga	**Þ, þ**	sonido sordo «th»
J, j	Ye		

NOTA SOBRE LA «R»

La «r» al final de palabras como «Jörmungandr» y «Gerðr» no se pronuncia del todo. El truco consiste en empezar a decir la letra y detenerse a medio camino.

DIOSES, DIOSAS, GIGANTES Y OTRAS FIGURAS IMPORTANTES

Español	Nórdico antiguo	
Agnar	Agnarr	Hijo del rey Geirrod (no hay que confundirlo Geirrod) que le ofrece una bebida a Odín (que está disfrazado).
Angrboda	Angrboða	Consorte de Loki, una giganta que da a luz a sus tres hijos monstruosos: Hel, Jormungand y Fenrir.
Ask & Embla	Askr & Embla	El primer hombre y la primera mujer, a quien Odín, Hoenir y Lodurr dieron forma a partir de dos árboles caídos.
Aurvandil	Aurvandill	El nombre de un gigante que Thor lleva a cuestas para cruzar los ríos Elivagar.
Authumbla	Auðumbla	La vaca primordial que alimenta al gigante Ymir.
Balder	Baldr	El dios resplandeciente, considerado el más justo y el mejor de todos los dioses. Hijo de Odín.
Baugi		Hermano del gigante Suttung, para el que Odín trabaja con la intención de adquirir el Hidromiel de la Poesía.
Bestla		La madre de Odín, una giganta.

Bor	Borr	El padre de Odín.
Buri	Búri	El abuelo de Odín, que aparece de entre el hielo cuando cuando la vaca Authumbla lo lame.
Dag	Dagr	La personificación del día.
Fenrir		El lobo que se traga a Odín durante el Ragnarök.
Fjalar & Galar	Fjalar & Galar	Los dos enanos que matan a Kvasir y elaboran el Hidromiel de la Poesía.
Frey	Freyr	Hermano de Freya e hijo de Njord. Es un guerrero que cambió su espada por su esposa. Se le asocia con la fertilidad, prosperidad, masculinidad y realeza.
Freyja		Una diosa hermosa y poderosa. Asociada con el amor, la belleza, la magia y la guerra. Posee el bello collar Brisingamen.
Frigg		Esposa de Odín, la Madre de Todos. Asociada con la tejeduría, la sabiduría y los misterios femeninos.
Fulla		Diosa y doncella de Frigg.
Garm	Garmr	Lobo o perro encadenado frente a las puertas de Helheim.
Geirrod	Geirröðr	El nombre de un rey a quien Odín maldice y mata por su falta de hospitalidad.
Gerd	Gerðr	Una giganta encantadora, esposa del dios Frey.
Geri & Freiki		Los dos lobos de Odín, sus animales familiares.
Grid	Gríðr	La madre de Vidarr, una giganta.
Groa	Gróa	Giganta que intenta extraer una piedra de afilar alojada en la cabeza de Thor, pero que se distrae por las historias que Thor le cuenta.
Gunnlod	Gunnlöð	La hermosa giganta que custodia el Hidromiel de la Poesía.
Heimdall	Heimdallr	El guardián de Asgard.
Hel		La diosa de la muerte, mitad doncella, mitad cadáver.
Hermod	Hermóðr	Considerado hijo de Odín; un mensajero que cabalga a Helheim.
Hod	Höðr	El dios ciego. Asociado con la oscuridad, es engañado para que mate a su hermano Balder.
Hoenir	Hœnir	Hermano de Odín, que entrega a la humanidad el don del sentido. Conocido también como Vili.
Hrungnir		Un gigante con el que Odín se apuesta una carrera. Hrungnir combate con Thor utilizando una piedra de afilar gigantesca.
Huginn & Muninn		Los cuervos de Odín, cuyos nombres significan «pensamiento» y «memoria».
Jarnsaxa	Járnsaxa	Giganta consorte de Thor.
Jord	Jörð	Giganta que personifica la tierra. Madre de Thor.
Jormungand	Jörmungandr	La serpiente de Midgard que circunda la Tierra.
Kvasir		El ser más sabio, con cuya sangre se elabora el Hidromiel de la Poesía.
Lodurr	Lóðurr	Hermano de Odín, que entrega a la humanidad el don de la calidez y la sangre. Conocido también como Ve.
Loki		El travieso y alborotador de Asgard, hermano de sangre de Odín.

Mimir	Mímir	La cabeza embalsamada de un gigante sabio. Odín la consulta como oráculo.
Magni	Magni	Hijo de Thor y de la giganta Jarnsaxa. Su nombre significa «poderoso».
Nanna		Esposa de Balder.
Nidhogg	Níðhöggr	La serpiente que vive bajo Yggdrasil y que roe sus raíces.
Njord	Njörðr	Padre de Frey y Freya, asociado con el mar. Casado con Skadi; un matrimonio mal avenido.
Odin	Óðinn	El Padre de Todos. Jefe de los Aesir y asociado con la sabiduría, la guerra, la poesía, la locura y la muerte.
Ratatosk	Ratatoskr	La ardilla que sube y baja por el árbol Yggdrasil.
Rind	Rindr	Consorte de Odín, que da a luz a Vali, el vengador de Balder.
Sif		Una diosa de larga cabellera rubia. Esposa de Thor.
Skinfaxi		(«Crin reluciente»). El caballo que tira del Sol.
Sleipnir		Hijo de Loki y caballo de ocho patas de Odín, el más veloz de todos los caballos.
Surt	Surtr	Guardián de Muspelheim y el más importante de los gigantes de fuego.
Suttung	Suttungr	Gigante que guarda el Hidromiel de la Poesía. Su hija Gunnlod lo custodia.
Thialfi	Þjálfi	Sirviente de Thor, un corredor veloz.
Thor	Þórr	Dios del trueno y protector de Midgard, que, empuña el martillo Mjölnir.
Tyr	Týr	Dios de una sola mano; Fenrir le arrancó la otra.
Vafthrudnir	Vafþrúðnir	Un gigante sabio que compite con Odín en una batalla de ingenio.
Vali	Váli	Uno de los hijos que Odín tuvo con Rind. Vengador de Balder. En *Gesta Danorum* lo llaman Bous.
Vidarr	Víðarr	El hijo silencioso de Odín, que mata a Fenrir tras aplastarlo con su bota de cuero.
Vili & Ve	Vili & Vé	Hermanos de Odín; le ayudan a matar al gigante Ymir y a dar vida a los primeros humanos. Se corresponden con Hoenir y Lodurr.
Ymir		El gigante primordial, cuyo cuerpo utilizan para crear el mundo.

LUGARES

Alfheim	Álfheimr	Reino donde viven los elfos de luz. Frey lo recibe como regalo cuando se le cae su primer diente.
Asgard	Ásgarðr	El hogar de los Aesir.
Bifrost	Bifröst	El puente arcoíris que conecta Asgard con Midgard.
Elivagar rivers	Élivágar	Los ríos «venenosos» que se originan en Hvergelmir.
Gimle	Gimlé	El palacio que se construye después del Ragnarök.
Ginnungagap		El vacío primordial del potencial ilimitado.
Helheim		Morada de los difuntos, donde van quienes mueren de vejez o enfermedad.

Hvergelmir		(«El caldero burbujeante»). El nombre de un manantial sulfuroso de Niflheim.
Idavoll	Iðavöllr	(«Los campos de Ida»). Un campo de Asgard donde los dioses juegan al ajedrez con piezas de oro.
Jötunheim	Jötunheimr	La morada de los gigantes.
Midgard	Miðgarðr	(«Tierra Media»). Hogar de los humanos. El mundo material.
Mimir's well	Mímisbrunnr	El pozo de la sabiduría al que Odín sacrifica un ojo para poder beber de su agua.
Muspelheim	Múspellsheimr	Un mundo primordial de fuego. Allí viven los gigantes de fuego.
Nidavellir	Niðavellir	Morada de los enanos.
Niflheim	Niflheimr	Un frío y nebuloso reino primordial de escarcha y hielo.
Niflhel		La morada más profunda de Helheim.
Países nórdicos		Noruega, Suecia, Dinamarca, Islandia, Groenlandia, Finalndia, Åland y las islas Feroe.
Escandinavia		El nombre de la región lingüística y cultural de la Europa septentrional. Por lo general se refiere a Dinamarca, Noruega y Suecia. Groenlandia, Åland,Islandia y las islas Feroe se incluyen también a veces por sus cercanos vínculos etnolingüísticos.
Svartalfheim	Svartálfheimr	Reino donde viven los elfos oscuros.
Urd's well	Urðarbrunnr	El pozo de Urd. Sus aguas se utilizan para revitalizar al moribundo Yggdrasil.
Valgrind		Las puertas del Valhalla.
Valhalla	Valhöll	El salón de los caídos. El palacio de Odín, donde van los guerreros caídos en la batalla.
Vanaheim	Vanaheimr	El hogar de los Vanir.
Vingolf	Vingólf	Un lugar de Asgard donde residen las diosas.
Yggdrasil		El Árbol del Mundo, que contiene todos los reinos.

COSAS, CONCEPTOS Y ACONTECIMIENTOS

Aesir	Æsir	La principal familia de deidades del panteón nórdico.
Asatru	Ásatrú	«Fiel a los Aesir». Un término acuñado por la Ásatrúarfélagið (Comunidad Ásatrú) de Islandia para darle un nombre a sus prácticas precristianas. Conocida también como asatro en la Europa continental.
Draupnir		La argolla que Odín lleva en el brazo y que produce ocho iguales cada novena noche.
Elfos de luz	Ljósálfar	Elfos que se dice viven en el reino de Alfheim y que resplandecen más que el Sol.
Elfos negros	Svartálfar	Elfos negros, posiblemente afines a los enanos y los elfos oscuros. Se dice que viven bajo tierra y son más negros que el alquitrán.
Elfos oscuros	Dökkálfar	Elfos que viven bajo tierra, opuestos a los elfos de la luz. *Véase también elfos negros.*
Enanos	Dvergr	Seres que viven en las profundidades de la tierra y que son maestros artesanos.

Einherjar		Los guerreros del Valhalla.
Elves	Alvar	*Véanse* elfos de la oscuridad y de la luz.
Espíritu de la tierra	Landvættir	Un espíritu cuyo «cuerpo» es una cierta zona de tierra o un accidente geográfico.
Futhark	Fuþark	El nombre de varias escrituras rúnicas.
Galdrastafir		Símbolos mágicos islandeses.
Gigantes	Jötnar (plural) Jötun (singular)	Seres que encarnan los paisajes salvajes e inhóspitos y las fuerzas del mundo.
Gjallarhorn		Un cuerno perteneciente al dios Heimdall, que toca al comienzo del Ragnarok. Su nombre significa «cuerno que grita».
Gleipnir		Los grilletes hechos de cosas imposibles que sujetan a Fenrir.
Gungnir		La lanza de Odín.
Hidromiel de la Poesía		Una bebida elaborada con la sangre de Kvasir, que confiere a quien la toma la habilidad poética.
Hlidskjalf	Hliðskjálf	El alto trono donde se sienta Odín para contemplar Midgard.
Horg	Hörgr	Un altar ritual al aire libre.
Kenning		Un tipo de juego de palabras de la poesía nórdica antigua, que utiliza frases descriptivas en lugar de una sola palabra.
Mjolnir	Mjölnir	El martillo de Thor.
Nisse/Tomte		Espíritus domésticos amistosos.
Normas, Las	Nornir	Mujeres que rigen el curso de la suerte y el destino.
Offering	Blót	El acto de realizar ofrendas a las deidades, ancestros o espíritus.
Paganismo nórdico		Movimiento espiritual neopagano centrado en las creencias, costumbres y prácticas de varias sociedades precristianas del norte de Europa.
Ragnarok	Ragnarök	(«El ocaso de los dioses»). El colapso de la sociedad de los Aesir.
Seid	Seiðr	Un tipo de magia nórdica.
Thurs	Þurs	Gigantes que representan las fuerzas de la naturaleza y que son hostiles a la vida humana.
Troles		Un término genérico para un ser que es «otro». Se puede utilizar también para describir la magia.
Valquirias	Valkyrjur	Mujeres que cabalgan sobre los campos de batalla y se llevan a los guerreros caídos al Valhalla, el palacio de Odín, una vez mueren.
Vanir		Otra familia de deidades del panteón nordico, que en una época antigua sostuvieron una guerra contra los Aesir.
Vikinga, La era		[793-1066 e. c.] Un periodo de los pueblos nórdicos caracterizado por viajes marítimos, comercio y pillaje.
Red de *wyrd*		*Wyrd* es el concepto nórdico de la suerte o destino. Podemos imaginar la red de wyrd como el entretejido de las circunstancias que nos rodean, y las relaciones de causa y efecto, acción y resultados.
Wight	Vættr	Un término general para «ser» o «espíritu».
Vidente/Bruja	Völva	(«La portadora del báculo») Una bruja, vidente o mujer sabia.

TEXTOS

Nuestro conocimiento de las antiguas leyendas nórdicas se deriva de unas pocas fuentes escritas, en negrita en la lista siguiente. Si desea leerlas, he especificado a cuál de las fuentes primarias correponde cada *lay* o poema.

Alvíssmál [1]	Los dichos de Alvíss («Todo sabiduría»)
Baldrs draumar [1] [3]	Los sueños de Balder
Codex Regius	Un manuscrito del cual se deriva la *Edda Poética*. Fue escrito sobre el 1270 e. c. Su nombre se traduce como «libro real» o «del rey».
Germania	[98 CE] Una etnografía sesgada de los pueblos germánicos escrita por el historiador y político romano, Publio Cornelio Tácito.
Gesta Danorum	La historia de los daneses, escrita por Saxo Grammaticus en el 1208 e. c.
Grímnismál [1]	Los dichos de Grimnir
Gróttasöngr [1]	La canción de Grótti o del molino
Gylfaginning [2]	El engaño de Gylfi
Hárbarðsljóð [1]	El poema de Barbagrís
Háttatal [2]	Compendio de métricas
Hávamál [1]	Dichos de Har o Discurso del Altísimo
Hymiskviða [1]	El poema de Hymir
Hyndluljóð [1]	El poema de Hyndla
Lokasenna [1]	Los sarcasmos de Loki
Lokka Þattur	La canción de Loki. Una balada de las islas Feroe que puede datar del siglo xiv.
Edda poética	Una recopilación de poesía anónima en lengua nórdica antigua, anterior a la conversión al cristianismo de Escandinavia.
Edda ptosaica	También llamada Edda menor o Edda de Snorri. Escrita por Snorri Sturluson around 1220 CE.
Rígsþula [1]	El poema de Rig
Skáldskaparmál [2]	Dicción poética, El lenguaje de la poesía
Skírnismál [1]	El poema de Skirnir
Vafþrúðnismál [1]	El poema de Vafthrudnir
Völundarkviða [1]	El poema de Volund
Völuspá in skamma [1]	Breve profecía de la vidente
Völuspá [1]	La profecía de la vidente
Þrymskviða [1]	El poema de Thrym

Clave:
[1] - Se encuentra en la *Edda poética*
[2] - Se encuentra en la *Edda Prosaica*
[3] - Se encuentra en la *Gesta Danorum*

ÍNDICE ALFABÉTICO

AGRADECIMIENTOS

Quisiera dar las gracias a todos quienes han hecho posible este libro: la comunidad pagana nórdica American Heathen, mis amigos escandinavos del otro lado del charco y los excelentes mentores y maestros espirituales que me han ayudado en mi recorrido. Me gustaría también darle las gracias a Odín, por haberme facilitado las herramientas adecuadas y por guiarme por los caminos que hicieron de este libro una realidad.
Por último, pero no por ello menos importante, agradezco a mis editores la corrección del texto y, por supuesto, a mi ilustrador, The Saxon Storyteller, las encantadoras y maravillosas ilustraciones que iluminan estas páginas.
¡Espero que haya disfrutado de esta obra escrita con amor!
L. Dean Lee

SOBRE EL ILUSTRADOR

Matt Greenway es el ilustrador de la serie *Los dioses nórdicos*. Es conocido por su capacidad de capturar el carácter de los artefactos y las figuras históricas, y ha adoptado el nombre de THE SAXON STORYTELLER en Internet. Su interés por la mitología anglosajona, celta y nórdica ha sido la inspiración para su obra durante muchos años. Comparte su pasión por dibujar sobre mitología en Instagram@thesaxonstoryteller e ilustra el contenido del podcast Nordic Mythology.